25 Jahre Konzil der Universität Rostock
1990-2015

Hochschulerneuerung im akademischen Parlament

Herausgegeben von
Kersten Krüger

Rostocker Studien zur Universitätsgeschichte Band 31
Norderstedt 2017

Bibliografische Information der Deutschen Nationalbibliothek

Die Deutsche Nationalbibliothek verzeichnet diese Publikation
in der Deutschen Nationalbibliografie; detaillierte bibliografische Daten sind im Internet
über www.dnb.de abrufbar.

Herausgeber: Der Rektor der Universität Rostock
Redaktion: Kersten Krüger
Druckvorlage: Kersten Krüger
Einband: IT- und Medienzentrum der Universität Rostock

© 2017
Herstellung und Verlag: BoD – Books on Demand, Norderstedt.
ISBN: 9783743175082

Inhalt

Beiträge	Seite
Vorwort	5
Brigitte Vollmar Begrüßung und Eröffnung	7
Gerhard Hennighausen 25 Jahre Konzil und 25 Jahre Universitätsverfassung	13
Walter Wild Das Konzil von 1991 bis 2004	27
Wolfgang Schareck Das Konzil von 2004 bis 2008	43
Andreas Wree Rückblick auf drei Konzilsamtsperioden von 2008 bis 2014	51
Günther Wildenhain Hochschulpolitik und Konzil	57
Juliane Schwarz-Ladach Schlusswort	67
Daniel Lehmann und Kersten Krüger Die Universität Rostock im Umbruch 1989-1994	71

Vortragende am 25. November 2015 von links nach rechts

Prof. Dr. Günther Wildenhain Rektor 1998-2002
Prof. Dr. Wolfgang Schareck Rektor Präsident des Konzils 2004-2008
Juliane Schwarz Vizepräsidentin des Konzils
Prof. Dr. Brigitte Vollmar Präsidentin des Konzils
Prof. Dr. Walter Wild Präsident des Konzils 1991-2004
Prof. Dr. Gerhard Hennighausen Vizepräsident des Außerordentlichen
    Konzils 1990-1991
Prof. Dr. Andreas Wree Präsident des Konzils 2008-2014

Vorwort

Das Konzil der Universität Rostock beging am 25. November 2015 in einer Jubiläumssitzung sein 25jähriges Bestehen. Dazu hatte es allen Anlass, denn das 1990 aus freien Wahlen mit weit über 300 Mitgliedern hervorgegangene noch Außerordentliche Konzil war als akademisches Parlament Träger der fälligen Hochschulerneuerung. Jahrzehnte akademischer Unfreiheit unter der Herrschaft des sogenannten *demokratischen Zentralismus* von Partei- und Staatsmacht mit dem Grundsatz der *Einzelleitung* (in der vorangegangenen Diktatur hieß es *Führertum* – so Carl Schmitt – oder *Führerprinzip*) in allen Bereichen der Universität hatten das Streben nach Selbstbestimmung in akademischer Freiheit nicht auslöschen können. Noch bevor es einen neuen rechtlichen Rahmen der Regierung gab, setzte das Konzil in friedlicher Revolution Marksteine auf dem Weg zur Wiedergewinnung der Freiheit von Forschung, Lehre und Selbstverwaltung: Abschied vom Namen *Wilhelm-Pieck-Universität* als Symbol der Diktatur und Rückkehr zur *Universität Rostock* als nicht von einer Einzelperson dominierte Institution der Gelehrtenrepublik; freie Wahl des Rektors und der Prorektoren durch das Konzil; Erarbeitung und Verabschiedung einer neuen Universitätsverfassung – um nur die wichtigsten zu nennen. Selbst wenn das Konzil inzwischen mit 66 Mitgliedern schlanker geworden ist und viele Dinge in erfahrener Routine erledigt, verdienen diese aus eigener Kraft erreichten Innovationen Dokumentation und bleibende Erinnerung. Daher werden die während der Jubiläumssitzung gehaltenen Reden im vorliegenden Band veröffentlicht, ergänzt mit einem Beitrag zu den ersten Jahren der inneruniversitären Erneuerung.

Nach der Eröffnung der Sitzung des Konzils durch die Präsidentin, Brigitte Vollmar, am 25. November 2015 berichteten fünf Zeitzeugen über ihre Erfahrungen im und mit dem Außerordentlichen und dem danach fest etablierten Konzil. Gerhard Hennighausen, von 1990 bis 1991 stellvertretender Vorsitzender des Präsidiums des Außerordentlichen Konzils, gab einen Rückblick über 25 Jahre der Aktivitäten des Konzils. Walter Wild, langjähriger, geradezu legendärer Präsident des Konzils von 1991 bis 2004, berichtete über die wichtigsten Ereignisse und Beschlüsse während seiner Amtszeit. Wolfgang Schareck, sein Nachfolger von 2004 bis 2008 – danach Rektor –, skizzierte die weitere Entwicklung des Konzils in dieser Zeit. Auf ihn folgte Andreas Wree in den Jahren von 2008 bis 2014; er hob die wichtigsten Ergebnisse in der Arbeit des Konzils hervor. Gewissermaßen in der Perspektive von außen berichtete Günther Wildenhain – als Abteilungsleiter im Kultusministerium von 1991 bis 1993 und Rektor der Universität Rostock von 1998 bis 2002 – über seine Erfahrungen mit dem Konzil. Den Schlusspunkt setzte die amtierende Vizepräsidentin des Konzils, Juliane Schwarz, mit einem Schlusswort aus Sicht der Studierenden.

Die Vortragenden werden einleitend gemeinsam auf einem Bild vorgestellt, einzeln am Beginn ihrer Beiträge mit Porträts, die während ihrer Rede entstanden. Es folgen jeweils eine Kurzvita und eine Auflistung ihrer wichtigsten Ämter in der akademischen Selbstverwaltung, Mitgliedschaften und Ehrungen. Die Texte der Reden beruhen auf den Entwürfen – digital oder handschriftlich überliefert – sowie einem Tonmitschnitt. Die Druckfassung wurde vom Herausgeber erstellt und von den Vortragenden ergänzt sowie autorisiert. Die in den Reden erwähnten Personen sowie einige Sachverhalte sind kommentierend in Nachschlagewerken – überwiegend elektronischen – nachgewiesen. Die für letztere maßgeblichen Sprungmarken oder Links führen in der elektronischen Version dieses Buches direkt durch Klick zur Belegstelle. Aus der Druckversion führt die Eingabe der Namen schneller zum Ziel als die Eingabe der langen Internetadressen.

Die Rednerinnen und Redner mussten sich angesichts begrenzter Zeit auf das nach ihrer Auffassung Wesentliche konzentrieren. Lücken waren unvermeidlich Daher erschien es angebracht, einen ergänzenden Aufsatz an dieser Stelle mit zu veröffentlichen, der die dramatischen Anfänge der Hochschulerneuerung von 1989 bis 1994 zum Gegenstand hat. Darin spielt das Außerordentliche Konzil die Hauptrolle. Die Studie wurde vom Herausgeber zusammen mit seinem ehemaligen Studenten, Daniel Lehmann, verfasst. Sie beruht hauptsächlich auf den unveröffentlichten Sitzungsprotokollen des Konzils, die noch nicht an das Universitätsarchiv abgeliefert sind, sondern sich in der Registratur des Rektorates befinden. Für die Genehmigung zur Einsichtnahme sei auch an dieser Stelle gedankt; sie diente wissenschaftlichem Erkenntnisfortschritt.

Im Rückblick auf 25 Jahre Erfolgsgeschichte des Konzils der Universität Rostock schließt sich der Herausgeber gern allen Glückwünschen für die Zukunft an: weiterhin viel Erfolg und eine glückliche Hand bei der Gestaltung der Universität Rostock durch das akademische Parlament.

Rostock, im Dezember 2016   Kersten Krüger

Prof. Dr. Brigitte Vollmar

Vita Brigitte Vollmar

Brigitte Vollmar kam aus dem Süden Deutschlands in den hohen Norden nach Rostock. Sie ging in Memmingen im Allgäu zur Schule und legte dort 1981 das Abitur ab. Danach begann sie das Studium der Chemie an der Universität Erlangen-Nürnberg, wechselte jedoch 1982 zur Humanmedizin an der Ludwig-Maximilians-Universität in München. Dort legte sie 1984 die Ärztliche Vorprüfung ab, in den folgenden Jahren bis 1988 die drei Abschnitte der Ärztlichen Prüfung. Als Ärztin im Praktikum arbeitete sie anschließend an der Chirurgischen Klinik und Poliklinik der Universität München und erhielt hier ihre Approbation im Jahr 1990. Als Stipendiatin der Dr. Johannes Heidenhain-Stiftung konnte sie eigene Forschungen durchführen und diese während eines wissenschaftlichen Forschungsaufenthalts in den USA am *Department of Anesthesiology, College of Medicine, University of Arizona* (Tucson, AZ) vertiefen. Im Jahr 1991 promovierte sie zum Dr. med. an der Universität München mit einer Untersuchung zur „Enzym- und Mediatorfreisetzung bei experimenteller Pankreatitis".

Von 1991 bis 1994 arbeitete Brigitte Vollmar als Wissenschaftliche Mitarbeiterin am Institut für Chirurgische Forschung der Universität München und leistete zugleich Bereitschafts-, Nacht- und Wochenenddienste an der Chirurgischen Klinik und Poliklinik der Universität München. Beruflicher Wechsel ergab sich 1994 durch Annahme einer Stelle als Wissenschaftliche Mitarbeiterin am Institut für Klinisch-Experimentelle Chirurgie der Universität des Saarlandes an den Universitätskliniken Homburg/Saar. Hier erreichte Brigitte Vollmar 1996 die Habilitation zum Dr. med. habil. auf dem Gebiet der Experimentellen Chirurgie. Der Titel der Arbeit lautete: „Die Mikrozirkulation der Leber nach Ischämie/Reperfusion und Endotoxinämie. Eine in vivo Analyse mikrohämodynamischer, zellulärer und molekularer Mechanismen". Im gleichen Jahr erhielt sie einen Ruf auf eine Professur für Chirurgische Forschung an der Rheinischen Friedrich-Wilhelms-Universität in Bonn, den sie jedoch ablehnte und an der Universität des Saarlandes blieb. Hier wurde sie am Institut für Klinisch-Experimentelle Chirurgie zur Oberassistentin ernannt und übte zugleich die Funktion der Stellvertreterin des Direktors aus.

Von 1998 bis 2002 ermöglichte ihr ein Heisenberg-Stipendium der Deutschen Forschungsgemeinschaft vertiefende Profilierung durch einen Wissenschaftlichen Forschungsaufenthalt in den USA am *Center of Blood Research, Surgical Research Laboratories* der Harvard Medical School, in Boston. In dieser Zeit wurde sie im Jahr 2000 zur Außerplanmäßigen Professorin für Experimentelle Chirurgie an der Medizinische Fakultät der Universität des Saarlandes in Homburg/Saar ernannt.

Begrüßung

Im Jahr 2002 erhielt Brigitte Vollmar zugleich Berufungen auf Professuren für Experimentelle Chirurgie an der Fakultät für Klinische Medizin Mannheim der Universität Heidelberg sowie der Universität Rostock. Die Entscheidung fiel zugunsten von Rostock. Hier ist sie seit 2002 Direktorin des Instituts für Experimentelle Chirurgie an der Medizinische Fakultät. Die hiesigen Arbeitsbedingungen erlaubten es, weitere Berufungen abzulehnen, so 2005 auf die Professur für Chirurgische Forschung an der Philipps-Universität Marburg und 2014 auf die Professur für "Laboratory Animal Research" an der Medizinischen Universität Wien.

Brigitte Vollmar, Dezember 2016.

Akademische Selbstverwaltung und Mitgliedschaften

Seit 2002	Institutsdirektorin und Leiterin der Serviceeinrichtungen „Zentrale Versuchstierhaltung" und „Multimodale Kleintierbildgebung"
Seit 2002	Mitglied der Forschungskommission, Medizinische Fakultät
Seit 2003	Mitglied des Fakultätsrates
2004–2006	Prodekanin für Forschung und Wissenschaftsentwicklung
2012–2014	Mitglied der Senatskommission Forschung, Wissenschaftstransfer und wissenschaftlicher Nachwuchs
2007–2009	Präsident der European Society for Surgical Research (ESSR)
2008–2010	Fachkollegiatin der DFG, Interdisziplinäre Sektion 'Medizintechnik'
2008–2010	Fachkollegiatin der DFG, Sektion 'Entzündungsforschung'
Seit 2008	Mitglied des wissenschaftlichen Beirates der Bundesärztekammer
Seit 2010	Mitglied des Senats- und Bewilligungsausschuss für Graduiertenkollegs der DFG
Seit 2010	Mitglied des Exploratory Research Board der International AO Foundation
Seit 2010	Mitglied des AcademiaNet, Internetportal Für herausragende Wissenschaftlerinnen, Robert-Bosch-Stiftung
Seit 2011	Mitglied der Leopoldina, Nationale Akademie der Wissenschaften
Seit 2012	Editor-in-Chief, European Surgical Research
2013	Mitglied der Senatskommission der DFG für Grundsatzfragen in der klinischen Forschung
Seit 2014	Mitglied, Advisory Board, International Graduate School of Neuroscience, Ruhr-Universität Bochum
Seit 2014	Präsidentin des Konzils der Universität Rostock
Seit 2015	Vorsitzende, Sektion Chirurgische Forschung der Deutschen Gesellschaft für Chirurgie
Seit 2015	Vorsitzende, Lehrstuhlkonvent für Chirurgische Forschung
Seit 2016	Obperson (Sektion 17 – Chirurgie, Orthopädie und Anästhesiologie) und Senatorin der Leopoldina, Nationale Akademie der Wissenschaften

Catalogus Professorum Rostochiensium, URL: http://purl.uni-rostock.de/cpr/00000660 (28.09.2016)

Begrüßung und Eröffnung

Brigitte Vollmar

Sehr geehrte Mitglieder!
Sehr geehrte Universitätsleitung: Magnifizenz, Prorektoren!
Sehr geehrter Herr [Kanzler] Tamm!
Sehr geehrter Herr Altkanzler!
Sehr geehrter Herr Senatsvorsitzender!
Sehr geehrte Senatoren, Ehrensenatoren, Ehrengäste!
Sehr geehrte Altvizepräsidentinnen und –präsidenten!

Wir freuen uns speziell über Ihr Kommen! Sehr geehrte Altpräsidenten, sehr geehrte Gäste und Freunde unserer Universität! Es ist mir persönlich eine außerordentliche Freude und auch Ehre, Sie zu dieser Sitzung begrüßen zu können. Die Sitzung wird einen Rückblick auf diese 25 Jahre Konzilstätigkeit geben und auch die Wirkungen und Herausforderungen der turbulenten Postwendezeit schildern.

Heute und jetzt, 25 Jahre später, stehen wir vor ganz anderen, aber wahrscheinlich nicht weniger großen Herausforderungen. Außenminister Frank-Walter Steinmeier[1] beschreibt seinen Vortrag von heute Abend: „Die Welt ist aus den Fugen und wir befinden uns in stürmischen Zeiten." Es sind zum einen die unverändert anhaltenden Flüchtlingsströme mit Menschen, die aufgrund von Terror und Zwang, Ungerechtigkeiten, aber vor allem auch von Perspektivlosigkeit sich gezwungen sehen ihre Heimat zu verlassen und in der Fremde Zuflucht zu suchen; es ist zum anderen der uns gleichermaßen bedrohende willkürlich auf die Zivilbevölkerung ausgerichtete Terror in Europa des *Islamischen Staates*,[2] der unter Missbrauch der Religion, aber auch unter Missachtung jedweder völkerrechtlichen Verabschiedung jenseits aller Grenzen aus meiner Sicht total agiert. Ich denke, es gab für die Situation 1989/1990 für die Annäherung Ost und West keine Blaupause, ähnlich gibt es auch heute keine, keine festgeschriebenen sinnhaften Instrumente, ja keinen Instrumentenkasten, aber es gab damals wie

---

[1] Frank-Walter Steinmeier, Außenminister der Bundesrepublik Deutschland 2005–2009 und seit 2013. http://www.frank-walter-steinmeier.de/; https://de.wikipedia.org/wiki/Frank-Walter_Steinmeier (03.12.2016).

[2] Islamischer Staat, Sunnitische Miliz, die ihren Glaubenskrieg (Dschihad) mit Terror für die Errichtung eines fundamentalistisch islamischen Staates führt, gegründet 2003 und 2014 als Kalifat ausgerufen. https://de.wikipedia.org/wiki/Islamischer_Staat_(Organisation), https://www.lpb-bw.de/islamischer-staat.html (04.12.2016)

auch heute Leitideen. Eine dieser Leitideen war und ist es für einen gerechten Frieden zu sorgen. Die Zukunft der Mehrheit der Flüchtlinge muss sicherlich in ihrem Heimatland stattfinden, aber auch eine große Zahl an Flüchtlingen sollte ihre Zukunft außerhalb ihrer Heimat gewährleistet bekommen. Hier gilt es sichere Inseln zu schaffen, wo die Betroffenen Zukunft sehen können, und zwar Zukunft ohne Armut, ohne Terror, aber vor allem unter menschenwürdigen Bedingungen, vor allem mit Bildung. Bildung bedeutet Perspektive und genau da greift unsere Aufgabe des Bildungssystems, von Kitas angefangen zu Schulen, Hochschulen und Universitäten und natürlich auch unserer Universität hier. Eine unserer Schwerpunktaktivitäten kann und wird auf der Internationalisierung liegen. Es gibt dafür schon zahlreiche Beispiele, und der Raum für Ausbau nach oben ist durchaus noch vorhanden. Ich möchte hier die einfache Frage stellen, ob es nicht genauso neben Forschung und Lehre eine Idee sein könnte sich auf das Experiment der Internationalisierung zu fokussieren. Als Beispiel nenne ich: wir könnten Partneruniversität einer unlängst in Berlin gegründeten Universität sein oder werden, genannt *Kiron Open Higher Education*.[3] Das ist eine Online-Universität für in Deutschland befindliche Flüchtlinge, die über zwei Semester hinweg barrierefrei ohne jegliche Auflagen in ihrer Muttersprache zunächst online studieren können, in dieser Zeit dann ihre notwendigen Dokumente, Sprachunterricht und weiteres vorweisen müssen, um von den folgenden Semestern an direkt vor Ort studieren zu können. Das ist aus meiner Sicht ein sehr attraktives Konzept der Berliner. Das soll nur ein Beispiel sein. Wir kennen, was in 25 Jahren bewältigt wurde. Zugleich bin ich mir sicher, dass die momentane Situation für uns eine riesengroße Chance darstellt und dass wir bei allen Hürden und gegebenenfalls auch Gefahren unsere Gesellschaft, und die Universität ist wesentlicher Teil unserer Gesellschaft, vielfältig und offen gestalten können. Zu dieser Aufgabe kann das Konzil ganz wesentlich beitragen. Mit dem Blick auf eben diese Aufgabe in der Zukunft glaube ich, dass der heutige Tag eine wunderbare Anregung ist oder sein kann, nach 25 Jahren erfolgreicher Tätigkeit zurückzuschauen und mit Herrn Hennighausen auch genau dort zu starten, wo sich damals vielleicht auch alle maximal herausgefordert, vielleicht auch überfordert fühlten. Diese Personen haben mit hoher Besonnenheit und zugleich mit Sinnhaftigkeit Großartiges geschaffen. Daher freue ich mich jetzt als ersten Redner den damaligen Vizepräsidenten des Außerordentlichen Konzils, zu seinen Amtsjahren 1990/1991 um seinen Vortrag zu bitten.

---

[3] Kiron Open Higher Education, 2014 in Berlin gegründete virtuelle Universität für Flüchtlinge zur Vorbereitung auf ein Hochschulstudium in Europa.
https://de.wikipedia.org/wiki/Kiron_Open_Higher_Education; https://kiron.ngo/ (04.12.2016).

Prof. Dr. Gerhard Hennighausen

Vita Gerhard Hennighausen

Gerhard Hennighausen wurde am 12. Juli 1939 als zweites von drei Kindern einer Handwerkerfamilie in Georgenburg(Jurbarkas) an der Memel in Litauen geboren. Nach Umsiedlungen und Flucht in den Kriegsjahren kam die Familie 1945 nach Mecklenburg. In Barkow bei Plau besuchte er eine vierklassige Grundschule, ging dann in Lübz zur Oberschule und legte dort 1957 das Abitur ab. Danach arbeitete er als Tiefbauarbeiter bei der Bau-Union Rostock. Von 1958 bis 1964 studierte er Medizin an der Universität Rostock und beendete das Studium mit dem Medizinisches Staatsexamen. Im gleichen Jahr wurde er zum Dr. med. mit einer Dissertation zum Thema „Das Serumcholesterin bei normalen Schwangeren und bei Spätgestosen" promoviert.1964 wurde Gerhard Hennighausen Assistent am Institut für Pharmakologie und Toxikologie in Rostock und arbeitete 1965/1966 im Rahmen eines Zusatzstudiums am Pharmakologischen Institut der Karls-Universität Prag. Zurück an der Universität Rostock qualifizierte er sich 1969 zum Facharzt für Pharmakologie und Toxikologie und wurde 1973 zum Oberarzt am Institut für Pharmakologie und Toxikologie ernannt.

Drei Jahre später erreichte Gerhard Hennighausen die Habilitation zum Dr. sc. med. mit seiner Abhandlung zum Thema: „Untersuchungen über die akuten toxischen Wirkungen von Chlorcholinchlorid (CCC) und N,N-Dimethyl-N-(2-bromäthyl)-hydraziniumbromid (BMH), ihre Mechanismen und Beeinflussbarkeit". Seiner wissenschaftlichen Qualifikation entsprechend wurde er 1979 zum Dozenten, 1987 zum Außerordentlichen Professor für Pharmakologie und Toxikologie der Universität Rostock ernannt. 1991 bewarb er sich erfolgreich um die ausgeschriebene Professur (C4) für das Fach Pharmakologie und Toxikologie an der Universität Rostock und wurde 1992 auf diese Stelle zum Universitätsprofessor berufen. Seit 1990 war er Direktor des Instituts für Pharmakologie und Toxikologie der Universität Rostock. Im Jahr 2006 schied er aus dem aktiven Dienst aus.

Catalogus Professorum Rostochiensium, URL: http://purl.uni-rostock.de/cpr/00001511 und eigene Angaben (22.12.2016).

Akademische Selbstverwaltung und Mitgliedschaften

1990–2004 Mitglied des Rates der Medizinischen Fakultät und des Konzils
1990–2006 Institutsdirektor
1990–1991 Prodekan für Forschung der Medizinischen Fakultät
1990–1991 stellvertretender Vorsitzender des Präsidiums des Außerordentlichen Konzils
1990–1991 Vorsitzender der Senatskommission zur Erarbeitung der Vorläufigen Verfassung der Univ. Rostock
1990–1994 Mitglied des Akademischen Senats
1991–1994 Prorektor
1996–2000 Dekan der Medizinischen Fakultät
1992–2003 Mitglied der Kommission „Erkennung und Behandlung von Vergiftungen" im Bundesinstitut für gesundheitlichen Verbraucherschutz und Veterinärmedizin
1994–2001 Ordentliches Mitglied der Arzneimittelkommission der deutschen Ärzteschaft
Seit 1996 Mitglied des Umweltausschusses der Ärztekammer M-V
1997–2000 Vizepräsident der Deutschen Gesellschaft für Experimentelle und Klinische Pharmakologie und Toxikologie
2001–2004 Ombudsperson für die Universität Rostock

Mitglied der Deutschen Gesellschaft für Experimentelle und Klinische Pharmakologie und Toxikologie

Mitglied der Federation of European Toxicologists & European Societies of Toxicology (EUROTOX)

Catalogus Professorum Rostochiensium, URL: http://purl.uni-rostock.de/cpr/00001511 (29.09.2016)

25 Jahre Konzil und 25 Jahre Universitätsverfassung

Gerhard Hennighausen

Ich freue mich, dass wir uns heute hier im Konzil an die Zeit vor 25 Jahren erinnern. Damals wurden mit der Wahl und der Arbeit des Außerordentlichen (a.o.) Konzils sowie mit der Entstehung und dem Inkrafttreten der vorläufigen Verfassung zwei Grundsteine für die Erneuerung unserer Universität gelegt. Diese Universitätsreform war nicht vom Staat verordnet wie viele, vielleicht zu viele Reformen davor und danach, sondern sie wurde von Mitgliedern der Universität gestaltet. Sie entwickelte sich im Widerstreit mit den herrschenden Strukturen und ihren Repräsentanten. Nach über 60 Jahren, in denen Diktaturen das universitäre Leben bestimmt hatten, konnten nun akademische Freiheit und akademische Selbstverwaltung an der Universität Rostock gestaltet werden.

Es gibt Jahre, die im Kommen und Vergehen der Zeit kaum Spuren hinterlassen; und es gibt Jahre, in denen in Eile Gegenwart Geschichte wird, wie es 1989 und 1990 war. Im Oktober 1990 habe ich versucht, dies bei der Begrüßung der Teilnehmer am Rudolf-Kobert-Symposium aus Anlass des 125jährigen Jubiläums des Lehrstuhles für Pharmakologie an unserer Universität auszudrücken. Ich zitiere ein paar Sätze, weil mancher vielleicht auch hier und heute nach dem Sinn einer Beschäftigung mit der Vergangenheit fragen könnte.

Wissenschaftsgeschichte ist in diesen Tagen, die viele aktuelle Fragen und Aufgaben stellen, sicherlich kein bevorzugtes Thema für eine Tagung von Medizinern und Naturwissenschaftlern. Allerdings waren die Wechselwirkungen zwischen Gegenwart und Vergangenheit selten so intensiv wie in den letzten zwölf Monaten. Als Beobachteter und als Handelnde haben wir erlebt, wie schnell Gegenwart zur Geschichte wird und mit welcher Kraft, die nicht zuletzt auch aus der Geschichte kommt, alte, verborgenen Sehnsüchte der Menschheit aufbrechen und bewährte Formen ihres Zusammenlebens wiedererstehen. Für mich ist auch das eine Rechtfertigung für unser Symposium, in dem wir eine Brücke von der Gegenwart unserer Wissenschaft zu ihrem Beginn schlagen wollen. Wissenschaftsgeschichte kann, wie Geschichte überhaupt, zum Verständnis der Gegenwart beitragen.[1]

---

[1] Zur Geschichte von Pharmakologie und Toxikologie. Rudolf Kobert und seine Zeit. Wissenschaftshistorische Beiträge zum Rudolf-Kobert-Symposium am 26. und 27. Oktober 1990

Ich möchte noch anmerken, dass der 1865 geschaffene Lehrstuhl und das zehn Jahre später gegründete Institut für Pharmakologie zu den weltweit ersten Einrichtungen dieses Faches gehörten und Rudolf Kobert[2] ein Wegbereiter der modernen Toxikologie war mit einem ungewöhnlich breiten Wissen über sein Fachgebiet hinaus. Er war 1906 und 1907 Rektor der Universität. Auch das ist Universitätsgeschichte und ich wollte diese Gelegenheit nutzen, um an das sonst wohl vergessene 150järige Jubiläum des Lehrstuhls in diesem Jahr zu erinnern.

Am 27. September 1990 beschloss das Außerordentliche Konzil die vorläufige Verfassung der Universität Rostock, die dann am folgenden Tag in Kraft trat.

Ein paar Tage später, am 2. Oktober flog ich von Berlin-Schönefeld über Moskau in die estnische Hauptstadt Tallinn zu einem Pharmakologenkongress. Als ich ein paar Tage später wieder in Berlin-Schönefeld landete, hatten die Kontrolleure von Pass und Zoll andere Uniformen und wirkten etwas freundlicher, wenn dabei auch ein wenig unsicher. Während meiner Abwesenheit war die DDR Geschichte geworden, über Nacht war für 17 Millionen Bürger fast alles neu. Die oft zitierte Frau auf der Straße meinte: „Geblieben sind uns nur die gleiche Uhrzeit und der gleiche Kalender" (obwohl das mit dem Kalender auch nicht so ganz stimmte, so gab es wieder Himmelfahrt, aber nicht mehr den Tag der Befreiung). Und manches war nur vorläufig, wie unsere gerade beschlossene Universitätsverfassung, oder es war noch nicht ganz ordentlich, wie das außerordentliche Konzil.

In den zwölf Monaten von Oktober 1989 bis September 1990 hatte sich weltpolitisch viel ereignet, selbst Mauern brachen. Mit Schillers Wilhelm Tell konnte man sagen: „Das Alte stürzt, es ändern sich die die Zeiten".[3] In der DDR wechselten die Staatsführungen in schneller Folge:

Honecker – Krenz – Modrow und schließlich gab es die Regierung Lothar de Maizière[4] nach den ersten freien Volkskammerwahlen im März 1990. Wie war unter diesen unsteten Verhältnissen eine Universitätsreform möglich?

---

in Rostock. [Hrsg.: Der Rektor der Universität Rostock. Wiss. Leitung: Gerhard Hennighausen. Wiss. Bearb.: Wolf-Dietrich Sprung]. Manuskripte zur Rostocker Universitätsgeschichte. Heft 5. Rostock 1992, S. 5.

[2] Kobert, Rudolf: 1899–1918 o. Professor der Pharmakologie und physiologischen Chemie, (ab 1907 auch) Geschichte der Medizin und Pharmazie, 1906–1907 Rektor. Catalogus Professorum Rostochiensium, URL: http://purl.uni-rostock.de/cpr/00001151 (07.12.2016).

[3] Friedrich SCHILLER, Wilhelm Tell, 4. Aufzug, 2. Szene, Attinghausen.

[4] Lothar die Maizière: Ministerpräsident der Deutschen Demokratischen Republik April–Oktober 1990, Oktober bis Dezember 1990 Bundesminister für besondere Aufgaben. https://de.wikipedia.org/wiki/Lothar_de_Maizière;

Ich will versuchen, die wichtigsten Ereignisse darzustellen, ohne dabei wohl allen Aktivitäten gerecht werden zu können. Max Frisch schrieb in *Mein Name sei Gantenbein*: „ Jeder Mensch erfindet sich früher oder später eine Geschichte, die er für sein Leben hält."[5] Dies gilt wohl auch für Zeitzeugen. Andere mögen die Geschichte anders erzählen, von Historikern ganz zu schweigen.

Die bereits erwähnten schnell wechselnden politischen Rahmenbedingungen waren aus meiner Sicht eher förderlich für eine Universitätsreform *von unten*, da der staatliche Einfluss auf die Universitäten in dieser Zeit überschaubar blieb. Wir hatten also verhältnismäßig viel Spielraum und Oscar Wilde formulierte einst etwas überspitzt „im heutigen Leben bedeutet Spielraum alles."[6]

So kam es im Wesentlichen an der Universität selbst zum Ringen zwischen denjenigen, die möglichst schnell grundlegende Reformen anstrebten und denen, die ihre Ämter noch aus den Händen des alten Staates und der Partei erhalten hatten. Zum Verständnis für die Verhältnisse an den Universitäten der DDR zitiere ich aus dem Zeitdokument vom 22. November 1989, geschrieben von einer Initiativgruppe von Hochschullehrern, Wissenschaftlern und Studenten, die mit den Professoren Olbertz, Riße und Pätzold aus den Agrarwissenschaften an der Spitze auch in den folgenden Monaten die Universitätsreform voranbrachte.[7]

Die 570 Jahre alte ALMA MATER ROSTOCHIENSIS hat in den letzten vier Dezennien ihres Wirkens, insbesondere nach der III. Hochschulreform 1968, einschneidende staatliche Eingriffe in ihr wissenschaftliches Leben erfahren müssen. Die von der Partei- und Staatsführung der DDR durchgesetzte Ausrichtung der Lehre und Forschung auf die sozialistische Gesellschafts- und Wirtschaftsordnung stalinistischer Prägung hat zu einer wissenschaftsfremden Reglementierung der Lehr- und Forschungstätigkeit an der Universität geführt. Begriffe wie Staatliche Lei-

---

[Fortsetzung Anm. 4] http://www.whoswho.de/bio/lothar-de-maizire.html (07.12.2016).

[5] Max FRISCH, Mein Name sei Gantenbein. Frankfurt am Main 1964, S. 54. Siehe auch (ohne Seitenangabe): https://de.wikiquote.org/wiki/Max_Frisch (28.12.2016).

[6] Oscar WILDE: Lady Windermeres Fächer – Lady Windermere's Fan (1892), Lady Windermeres Fächer, 2. Akt / Mrs. Erlynne. http://gutezitate.com/zitat/251142.

[7] Joachim Riße: Vorschläge zur Organisatin der Universität Rostock. 22.11.1989, intern verbreitetes Arbeitsmaterial. Siehe hierzu: DERS.: Meine Erinnerungen an die politische Wende an der Universität Rostock. In: Die Politische Wende an der Universität Rostock 1989 bis 1992. Abbrüche – Umbrüche – Aufbrüche. Hrsg. v. Michael HERMS, Wolfgang METHLING, Werner PADE. Rostock 2015, S. 49–57, hier S. 50, Anm. 7.

tung und Kontrolle, kommunistische Erziehung, Kaderauswahl- und Entwicklung etc. prägten die Zielsetzung und den Inhalt der staatlichen Eingriffe in das Universitätsleben und engten zugleich den wissenschaftlichen Meinungsstreit als wesentliches Element einer progressiven ungehinderten Wissenschaftsentwicklung ein.

Entscheidend waren Macht und Einfluss der SED. Sie hatte an der Universität eine eigene Parteileitung, die in allen wichtigen Gremien vertreten war. Zudem war die überwiegende Mehrheit der Professoren, in manchen Fächern 100 Prozent Mitglied der SED und nicht wenige waren Mitglieder von diversen Parteileitungen bis hin zur Bezirksparteiung, manche auch mit guten Verbindungen zum Zentralkomitee der SED. Im Jahr 1989 existierten die Verhältnisse fast uneingeschränkt.

Noch Ende Oktober wandte sich der Rektor im alten Stil und in vertrauter Wortwahl an die Mitglieder der Universität in einem offenen Brief, daraus zitiere ich die Schlusssätze: „Der Name unserer Universität [Wilhelm-Pieck-Universität] verpflichtet. Es geht um mehr Demokratie, um höhere Leistungen, es geht letzlich um den Sozialismus". Aber er forderte auch dazu auf, „Vorschläge für die Weiterentwicklung der Universität" zu unterbreiten. Die eingegangenen Vorschläge rüttelten jedoch zum Teil schon am Fundament der herrschenden Verhältnisse.

Am 4. Dezember, also schon vier Wochen nach dem Mauerfall, fasste der Rektor die Hauptanliegen zusammen, von denen ich folgende zitieren möchte:
– Trennung von Ideologie und Fachkompetenz
– Eliminierung der Parteileitung aus wissenschaftlichen und staatlichen Leitungsgremien
– Schaffung von Voraussetzungen für fachlich notwendige Reisetätigkeit
– Entpolitisierung der Kaderarbeit

Am 20. Dezember 1989 fand eine sogenannte Plenartagung von Senat, Wissenschaftlichem Rat und ordentlichen Professoren statt, auf der in bis dahin ungewöhnlich offener Diskussion auch über Hochschulverfassung und Strukturänderung diskutiert wurde. Prof. Kiesow[8] und Prof. Krenkel,[9] die später wichtige Aufgaben an der Universität übernahmen, forderten hier nachdrücklich die Schaffung eines Konzils mit grundlegenden Befugnissen. Manche Aktivitäten von Rektor und Senat waren sicherlich auch Reaktionen auf die Arbeit der schon erwähnten Initiativgruppe, zu der sich immer neue Mitglieder aus verschiedenen Bereichen der Universität gesellten. Unter dem Namen *Initiativgruppe Universitätsreform*" veröffentlichte sie am 9. Januar 1990 1990 in der Rostocker Universitätszeitung (RUZ) „Vorschläge für eine vorläufige demokratische Grundordnung der Universität Rostock". Zu dieser Zeitung möchte ich ein paar Worte sagen.

Sie hieß bis zum 31. Dezember 1989 *Die Neue Universität*,[10] wurde von der Universitätsparteileitung herausgegeben und unterschied sich wenig von anderen Organen der SED. Das änderte sich Schritt für Schritt in der Wendezeit. Seit dem 1. Januar 1990 hatte die Zeitung einen neuen Namen: *Rostocker Universitätszeitung*. Es wurde ein Redaktionsbeirat gebildet, dem ich auch zeitweise angehörte. Die Zeitung wurde vom Wissenschaftlichen Rat und später vom Rektor herausgegeben. Mit der Veröffentlichung diverser Leserzuschriften und kontroverser Artikel hat die RUZ zur Entwicklung der Meinungsfreiheit und damit auch zum Erfolg der Reformbestrebungen an der Universität beigetragen. Seit Ende Januar 1990 reservierte sie jeweils zwei Seiten für Diskussionen über die Universitätsreform.

In dieser Phase versuchten Rektor und Senat die Initiative an sich zu ziehen, und es kam zu Auseinandersetzungen, insbesondere über die Rechtmäßigkeit der Arbeit der Initiativgruppe an der Universitätsverfassung – der Senat hatte inzwischen eine eigene Kommission gebildet – aber auch die Legitimation

---

[8] Ernst-Rüdiger Kiesow (*1926 †2003), 1965–1967 Dozent für Praktische Theologie, 1967–1969 Professor mit Lehrauftrag für Praktische Theologie, 1969–1991 o. Professor für Praktische Theologie. Catalogus Professorum Rostochiensium, URL: http://purl.uni-rostock.de/cpr/00002036 (08.12.2016). Siehe auch: Ernst-Rüdiger KIESOW, Theologen in der sozialistischen Universität. Persönliche Erinnerungen und Dokumente 1965–1991. Mit einem Beitrag von Gert Haendler. Rostock 2000.

[9] Werner Krenkel (*1926 †2015), 1964–1975 Dozent für Lateinische Philologie und Archäologie, 1975–1992 ao. Professor für Lateinische Philologie und Archäologie, 1992–1993 Professor für Klassische Philologie/Latinistik. Catalogus Professorum Rostochiensium, URL: http://purl.uni-rostock.de/cpr/00001309 (08.12.2016).

[10] Die neue Universität. DNU. Organ d. SED-Parteileitung der Universität Rostock. Rostock Ostseedruck 1960–1989. Fortsetzung: Rostocker Universitätszeitung. Rostock. Rektor der Universität 1990–2005.

der aktuellen Amtsträger. Schließlich wurden als Kompromiss zwei Entwürfe für eine neue Grundordnung bzw. Verfassung der Universität am 11. Mai in der RUZ veröffentlicht: Ein Entwurf der Initiativgruppe unter dem Namen Prof. Olbertz[11] und einer vom alten Senat unter dem Namen Prof. Engel.[12]

Ein weiteres wichtiges Ergebnis der Auseinandersetzung und Beratungen waren im April Urabstimmungen über die Wahlordnung zum Außerordentlichen Konzil und über die Änderung des Namens der Universität. Ab dem 19. April 1990 hieß die Universität nicht mehr Wilhelm-Pieck-Universität, sondern wie seit Jahrhunderten Universität Rostock. Das Votum für die Namensänderung war mit 80 Prozent eindeutig.

Das im Mai gewählte Außerordentlich Konzil trat am 22. Mai zu seiner konstituierenden Sitzung zusammen. In der alten Mensa in der Südstadt versammelten sich bei bestem Frühlingswetter 300 Mitglieder – in den vier Statusgruppen 100 Hochschullehrer, 100 Wissenschaftliche Mitarbeiter, 50 Nichtwissenschaftliche Mitarbeiter, 50 Studenten. Es war eine Versammlung von Menschen mit sehr unterschiedlichen politischen und persönlichen Anschauungen, Zielen, Erwartungen und wohl auch Befürchtungen.

Zunächst wurde das Präsidium gewählt mit jeweils zwei Mitgliedern aus allen vier Statusgruppen. Prof. Pätzold[13] wurde zum Vorsitzenden und ich zu seinem Stellvertreter gewählt.

Schon die dann folgende Debatte über eine Geschäfts- und Tagesordnung gestaltete sich schwierig und sie wurde teilweise turbulent. Es war nicht zu übersehen, dass es Mitglieder gab, die das Konzil in seiner Geburtsstunde beschädigen oder gar zum Scheitern bringen wollten.

---

[11] Manfred Olbertz (*1926 †2002), 1956–1957 Professor mit vollem Lehrauftrag für Bodenmelioration und Bodenwasserwirtschaft (mit der Wahrnehmung beauftragt), 1957–1969 Professor mit vollem Lehrauftrag für Bodenmelioration und Bodenwasserwirtschaft, 1969–1991 o. Professor für Standortmelioration. Catalogus Professorum Rostochiensium, URL: http://purl.uni-rostock.de/cpr/00003076 (08.12.2016).

[12] Wolfgang Engel (*1928 †2010), 1959–1961 Professor mit Lehrauftrag für Mathematik, 1961–1965 Professor mit vollem Lehrauftrag für Mathematik, 1965–1969 Professor mit Lehrstuhl für Mathematik 1969–1993 o. Professor für Theoretische Mathematik (Algebra und Geometrie). Catalogus Professorum Rostochiensium URL: http://purl.uni-rostock.de/cpr/00000914 (08.12.2016).

[13] Horst Pätzold (*1926), 1963–1965 Dozent für Grünlandmelioration und Weideprojektierung, 1965–1969 Professor mit Lehrauftrag für Graslandkunde und Grünlandmelioration, 1969–1991 o. Professor für Futterbau. Catalogus Professorum Rostochiensium, URL: http://purl.uni-rostock.de/cpr/00000824 (08.12.2016). Siehe auch: Horst PÄTZOLD, Nischen im Gras. Ein Leben in zwei Diktaturen. Beiträge zur deutschen und europäischen Geschichte Bd. 20. Hamburg 1997.

Dabei muss man bedenken, dass es in der DDR kein Übungsfeld für die Leitung solcher Gremien, zumal mit 300 Teilnehmern unter den Bedingungen der Meinungsfreiheit gegeben hatte. Die gewonnene Meinungsfreiheit kosteten diejenigen am intensivsten aus, die sie früher gar nicht wertgeschätzt oder sogar unterdrückt hatten. Aber es gelang schließlich uns Tagungsleitungsamateuren die Diskussion zu disziplinieren und zu strukturieren, so dass es nach zwölfstündiger Sitzung zu wichtigen Beschlüssen kam. Das Protokoll dieser Sitzung war ausführlich und entsprechend aufwendig und lang, wie auch die der folgenden Konzilsberatungen 1990. Um eine schnelle Information in der Universität zu erreichen, habe ich jeweils *Kurzgefasste, ausgewählte wesentliche Festlegungen* zusammengestellt, die schnell und breit verteilt werden konnten. Von der ersten Beratung am 22. Mai hieß es darin:

Die nominierten Kandidaten sowohl für den Senat als auch für die Funktion des Rektors und des Prorektors geben bei ihrer Vorstellung eine mündliche Erklärung darüber ab, dass sie sich weder als inoffizieller noch offizieller Mitarbeiter beim ehemaligen MfS/ANfS[14] vertraglich zur Zusammenarbeit verpflichtet hatten und von diesen Einrichtungen keine Zuwendungen, Belohnungen, Auszeichnungen oder Vergünstigungen irgendwelcher Art erhalten haben. Die Erklärung ist dem Präsidium zusätzlich schriftlich zu übergeben.

Hierzu möchte ich einfügen, dass in der Konzilssitzung der Mediziner Prof. Pelz[15] als Mitglied des Unabhängigen Untersuchungsausschusses in Rostock über die Aktivitäten der Staatssicherheit an der Universität Rostock informiert hatte, zumindest was den personellen Aufwand der Stasi betraf. Beim Kenntnisstand vom Mai 1990 gab es 232 informelle Mitarbeiter (IM), davon 35 Hochschullehrer. Es gab 22 konspirative Wohnungen. Im Bereich Medizin unterhielt die Stasi eine spezielle Agentur mit 12 IM.

---

[14] MfS: Ministerium für Staatssicherheit; AfNS: Amt für Nationale Sicherheit – Nachfolgeeinrichtung des MfS; 17.11.–17.12.1989.
http://www.bstu.bund.de/DE/Wissen/DDRGeschichte/_node.html (09.12.2016).

[15] Lothar Pelz (*1934), 1984–1986 Hochschuldozent für medizinische Genetik, 1986–1990 ao. Professor für medizinische Genetik, 1990–1992 o. Professor für Pädiatrie, 1992–2000 Professor (C4) für Allgemeine Pädiatrie. Catalogus Professorum Rostochiensium, URL: http://purl.uni-rostock.de/cpr/00001769 (08.12.2016).

Zu den weiteren Beschlüssen:
- Mehrheitlich gefasste Festlegungen des Konzils, die im Widerspruch zur derzeitigen Universitätsordnung stehen, setzen diese punktuell außer Kraft.
- Dem Senat werden stimmberechtigt acht Hochschullehrer, acht Wissenschaftliche Mitarbeiter, vier Studenten und vier Nichtwissenschaftliche Mitarbeiter angehören (2:2:1:1).
- Der Senat ist gegenüber dem Konzil rechenschaftspflichtig. Eine Abwahl eines Senatsmitgliedes durch das Konzil ist auf Grundlage eines Misstrauensantrages möglich.

Diese Beschlüsse machen deutlich, dass das Außerordentliche Konzil eine sehr starke Stellung in der akademischen Selbstverwaltung haben sollte.

Die zweite Sitzung des Außerordentlichen Konzils eine Woche später war ein weiterer Meilenstein in der Universitätsreform. Zunächst wurden die Mitglieder des Senats gewählt. Der neue Senat unterschied sich nicht nur durch die freie Wahl, sondern auch in der Zusammensetzung 2:2:1:1 und in der Biografie der gewählten Mitglieder von dem alten Senat. Man konnte auf seine Arbeit gespannt sein.

Es folgte die Wahl des Rektors. Im ersten Wahlgang wurde der Mathematiker Prof. Maeß[16] gewählt. Er war der erste frei gewählte Rektor seit Jahrzehnten und bekleidete das Amt über acht Jahre.

In der folgenden Woche, am 7. Juni, fand das Konzil zu seiner dritten Sitzung zusammen. Der Theologe Prof. Kiesow wurde zum Prorektor gewählt. Prof. Maeß und Prof. Kiesow haben in ihrer Amtszeit große Verdienste um die Erneuerung der Universität erworben.

In dieser Sitzung erfolgte ein wichtiger Auftrag des Außerordentlichen Konzils an die Kommission *Universitätsverfassung* des Senats und des Konzils, die ich als Mitglied beider Gremien leitete: Bis zum 1. September sollte ein Entwurf der vorläufigen Universitätsverfassung erarbeitet sein.

Der Verfassungskommission lagen als gute Vorarbeit die verschiedenen Entwürfe der Initiativgruppe und insbesondere die beiden Entwürfe vom 11. Mai vor. Sie unterschieden sich im Wesentlichen in den Vorstellungen über die Strukturen der Universität – also Lehrstühle, Sektionen, Fachbereiche, Fakultäten, deren Ordnungen, Befugnisse und Leitungen. Mit den Professoren Olbertz,

---

[16] Gerhard Maeß (*1937 †2016), 1970–1980 Hochschuldozent für Numerische Mathematik, 1980–1992 o. Professor für Numerische Mathematik, 1993–2003 Professor (C4) für Numerische Mathematik, 1990–1998 Rektor der Universität Rostock. Catalogus Professorum Rostochiensium, URL: http://purl.uni-rostock.de/cpr/00000772 (08.12.2016).

Riße und Engel waren Mitglieder in der Kommission, die viel Sachverstand aus der Arbeit an den vorangegangenen Entwürfen mitbrachten. Die Rechtsgrundlagen waren in den Monaten Juni bis September bizarr. Das Hochschulrecht der DDR, bestehend aus zahlreichen Einzelvorschriften, wurde zunehmend obsolet. Eine *Vorläufige Hochschulordnung* der de-Maizière-Regierung erreichte uns am 26. September, also einen Tag vor unserer Beschlussfassung. Natürlich mussten wir angesichts der bevorstehenden Wiedervereinigung das Hochschulrahmengesetz der Bundesrepublik berücksichtigen, das aber den Landesgesetzen viel Gestaltungsraum überlässt. Mit einem ironischen Unterton möchte ich hier anmerken, dass wir fast in der gesamten Arbeit an der Verfassung keinen Juristen in unseren Reihen hatten – das hat die Arbeit erheblich beschleunigt und fast alle Paragraphen gut lesbar und verständlich werden lassen. Natürlich hatten wir auch Übergangsregelungen formuliert. Sie wurden dann kurioserweise aus Platzgründen nicht publiziert. Sie fanden im Wesentlichen auch durch die vielen Veränderungsvorschläge zum Teil Eingang in den Text. Bei der Eröffnung der Diskussion des Entwurfes am 27. September sagte ich:

Beide Varianten, unsere Empfehlung von Übergangsregelungen und die Vorschläge auf Festschreibung im Verfassungstext, unterscheiden sich nicht in ihren Konsequenzen für die Zusammensetzung der Kollegialorgane in einer Übergangszeit von zwei bis drei Jahren, sondern die Varianten unterscheiden sich eher in taktischer Hinsicht und in der formalen Rechtsposition. Vielleicht unterscheiden sie sich auch im Mut, Bestimmungen direkt zum Universitätsrecht zu erheben, was geltendem Hochschulrecht widerspricht und sich damit der Gefahr auszusetzen, in wenigen Tagen schon in offenen Konflikt mit diesem Recht zu kommen.

Die vierte Sitzung des Außerordentlichen Konzils fand übrigens als eine Laune der Geschichte im Kultursaal der früheren Stasizentrale in Waldeck statt. Der Entwurf der vorläufigen Verfassung wurde hier in Waldeck umfangreich diskutiert, über mehr als 50 schriftlich eingereichte Veränderungsvorschläge zu Paragraphen oder Absätzen wurde abgestimmt. Am Ende wurde die vorläufige Verfassung mit 211 Stimmen bei einer Gegenstimme angenommen. Sie trat am 28. September 1990 in Kraft.

Im Rückblick habe ich mich gefragt, wie wir das damals alles in so kurzer Zeit geschafft haben mit bescheidener Bürotechnik, ohne Laptop, Smartphone, Internet, soziale Netzwerke und vor allem ohne Zuruf von ganz oben: „Wir schaffen das!"

Bedingungen waren Motivation, gegenseitiges Vertrauen und natürlich gute Gesundheit. Dabei ging die Routinearbeit, insbesondere die Lehre fast normal weiter, wobei auch in verschiedenen Sektionen neue Strukturen entstanden und neue Leitungen gewählt wurden. So wählte eine Vertreterversammlung des Bereiches Medizin bereits am 21. Mai Prof. Benad[17] zum Dekan, Prof. Nizze,[18] Prof. Ziegler[19] und mich zu Prodekanen einer wiedererstandenen Medizinischen Fakultät. Der Fakultätsleitung wurde auch die Leitung des Klinikums übertragen.

Um den Staffelstab jetzt schneller übergeben zu können, überspringe ich die Beratungen des Außerordentlichen Konzils bis zum Juni 1991. Auf der Beratung am 7. Juni 1991 schied Prof. Pätzold aus Altersgründen aus dem Präsidium des Konzils aus. Gleichzeitig endete meine Tätigkeit im Präsidium, da ich neben Prof. Kelling[20] zu einem von zwei neuen Prorektoren gewählt wurde. Jetzt nahm ein neues Präsidium mit Prof. Wild[21] als Präsident des Konzils die Arbeit auf.

---

[17] Gottfried Benad (*1932), 1969–1972 Hochschuldozent für Anaesthesiologie, 1972–1992 o. Professor für Anaesthesiologie, 1992–1998 Professor (C4) für Anaesthesiologie und Intensivtherapie. Catalogus Professorum Rostochiensium,
URL: http://purl.uni-rostock.de/cpr/00001588 (09.12.2016).

[18] Horst Nizze: (*1942), 1979–1989 Hochschuldozent für Pathologische Anatomie, 1989–1992 ao. Professor für Pathologie, 1992–2010 Professor (C4) für Pathologie. Catalogus Professorum Rostochiensium, URL: http://purl.uni-rostock.de/cpr/00001471 (09.12.2016).

[19] Kurt Ziegler: (*1932), 1968–1976 Hochschuldozent für Innere Medizin, 1976–1992 o. Professor für Innere Medizin / Tropenmedizin, 1992–1998 Professor (C4) für Innere Medizin / Tropenmedizin. Catalogus Professorum Rostochiensium,
URL: http://purl.uni-rostock.de/cpr/00000735 (09.12.2016). Siehe auch: Kurt ZIEGLER, Im Zeichen des Steinbocks. Alltägliches, Heiteres und Nachdenkliches aus den vergangenen 70 Jahren. 2. Aufl. Bad Doberan 2007.

[20] Hans Kelling (*1937 †2016), 1971–1987 Hochschuldozent für Strukturanalytik / Molekülspektroskopie, 1987–1991 ao. Professor für Strukturanalytik / Molekülspektroskopie, 1992–2002 Professor für Allgemeine Chemie. Catalogus Professorum Rostochiensium,
URL: http://purl.uni-rostock.de/cpr/00001749 (09.12.2016).

[21] Walter Wild: (*1940), 1980–1992 Hochschuldozent für Messtechnik, 1992–2005 Professor für Messtechnik, Catalogus Professorum Rostochiensium,
URL: http://purl.uni-rostock.de/cpr/00000782 (09.12.2016). Siehe auch seinen Bericht in diesem Band, S. 27–42.

Am Ende ist mir aufgefallen, dass ich wohl Schiller, nicht aber Goethe zitiert habe. Das will ich gern zum Abschluss tun. Faust sagt zu Wagner: „Mein Freund, die Zeiten der Vergangenheit sind uns ein Buch mit sieben Siegeln. Was ihr den Geist der Zeiten heißt, das ist im Grunde der Herren eigener Geist, in dem die Zeiten sich bespiegeln."[22]

---

[22] Johann Wolfgang von GOETHE: Faust. Eine Tragödie. Tübingen 1808, S. 45: Faust zu Wagner.

Prof. Dr. Walter Wild

Vita Walter Wild

Walter Wild stammt aus Rostock, wo er am 29. Januar 1940 geboren wurde. In Dierkow besuchte er die Grundschule bis 1954, danach die Große Stadtschule II im Zweig der Naturwissenschaften. Nach dem Abitur 1958 war zunächst ein praktisches Jahr zur Bewährung in der Produktion verpflichtend, das Walter Wild auf der Warnowwerft mit Rostklopfen und später mit Arbeiten im Schwertransport verbrachte. Sein Ziel, das Studium der Physik an der Universität Rostock aufzunehmen, erreichte er im Oktober 1959. Nach dem Grundstudium legte er den Schwerpunkt seiner Ausbildung auf die Experimentalphysik. In letzterer, genauer auf dem Gebiet der Festkörperoberflächen, fertigte er seine Diplomarbeit an mit dem Thema „Nachweis der Elektronenemission im Ultrahochvakuum mit dem SEV", die er im Februar 1965 verteidigte. *Kurz zuvor erhielt er 1964 die Einstellung als Wissenschaftlicher Mitarbeiter am Physikalischen Institut. Hier setzte er seine Forschungen auf dem Gebiet der Festkörperphysik fort und reichte im Februar 1970 seine Dissertation an der Mathematisch- Naturwissenschaftlichen Fakultät ein. Der Titel lautete: „Vergleichende Untersuchungen der Exoelektronenemission". Nach erfolgreicher Verteidigung der Dissertation arbeitete er weiterhin als Assistent und Oberassistent an der Sektion Physik und absolvierte nebenbei ein zweijähriges Studium der Hochschulpädagogik; er erreichte zudem Fremdsprachenabschlüsse in Englisch und Russisch. Auslandaufenthalte in Polen, Lettland, der Tschechoslowakei und in Ungarn rundeten seine wissenschaftliche Qualifikation ab. Im Jahr 1972 erlangte er die *facultas docendi*.

Seine Habilitation (Dissertation B) über das Thema „Thermisch stimulierte Exoelektronenemission von isolierenden Schichten und ihre Anwendung auf Diffusions- und Implantationsprobleme" konnte er 1977 einreichen und erfolgreich verteidigen. Beruflich wurde er zwei Jahre später an die Technische Fakultät empfohlen, wo er eine Dozentur für Meßtechnik am Fachbereich Schiffstechnik erhielt. Im Wissenschaftsbereich Schiffbautechnologie widmete er sich in der Lehre der Messtechnik, in der Forschung – in enger Kooperation mit dem Kombinat Schiffbau – der Sensorentwicklung für Schweißroboter und später der Thermografie. Im Jahr 1980 erhielt Walter Wild die Berufung zum Hochschuldozenten für Meßtechnik.

Mit dem Fall der Mauer und der Wende änderten sich schlagartig nicht nur die persönlichen Verhältnisse, sondern auch die wissenschaftlichen Möglichkeiten. Kontakte zu Kollegen, die bisher nur aus der Literatur bekannt waren, konnten geknüpft werden. Die materielle Basis im Labor änderte sich sichtbar und die experimentelle Forschung entwickelte sich mit neuer Dimension. Die

Aufnahme in den AHMT (Arbeitskreis der Hochschullehrer für Meßtechnik Deutschland) wurde möglich. In Anerkennung seiner Qualifikation wurde Walter Wild 1992 zum Universitätsprofessor berufen.

Wie viele andere Mitglieder der Universität auch, widmete er sich nach der Wende der personellen und strukturellen Erneuerung der Universität. Als stellvertretender Fachbereichssprecher 1990-1991 und Fachbereichssprecher 1991-1994 des Fachbereichs Maschinenbau und Schiffstechnik war er Mitglied aller 14 Berufungskommissionen am Fachbereich, ebenso Mitglied der Gründungskommission der Fakultät für Ingenieurwissenschaften. In das Außerordentliche Konzil wurde er 1990 gewählt. Als Prof. Pätzold, der erste Präsident des Konzils, in den Ruhestand verabschiedet wurde und der Vizepräsident, Prof. Hennighausen als gewählter Prorektor aus dem Präsidium des Konzils ausschied, wählte das Konzil Walter Wild im Mai 1991 zum Präsidenten. Dieses Amt übte er bis zum November 2004 aus.

Neben der Wissenschaft galt seine Leidenschaft dem Sport, und zwar dem Eishockey, das er in seiner Kindheit und Jugend auf den im Winter überschwemmten und vereisten Wiesen um Dierkow spielen und lieben lernte. Über seine Familie ist anzumerken, dass er 1967 die Pharmazeutin Heide Gothan heiratete. Sie haben zwei Töchter und vier Enkelkinder.

Walter Wild, Dezember 2016.

Akademische Selbstverwaltung, Ehrungen und Mitgliedschaften

1990–1992	Stellvertretender Fachbereichssprecher
1991–2004	Präsident des Konzils
1992–1994	Fachbereichssprecher
1992–1994	Mitglied der Gründungskommission der Fakultät für Ingenieurwissenschaften
1994–2004	Direktor des Instituts für Mess- und Regelungstechnik
1995–2006	Chairman des jährlichen Workshops „Infrarot-Thermographie"
2001–2002	Vorstandsmitglied im Arbeitskreis der Hochschullehrer für Messtechnik (AHMT)
Seit 2003	Vorstandsmitglied im Hanseatic Institute of Technology
1999–2003	ständiges Mitglied im wiss. Beirat des Umweltministers M-V
Seit 1994	Arbeitskreis der Hochschullehrer für Messtechnik (AHMT)
Seit 1994	Deutscher Hochschullehrerverband
Seit 1994	Hanseatic Institute of Technology
1998	ABICOR-Innovationspreis der Deutschen Schweißtechnischen Gesellschaft
2000	Clinical Research Award
Seit 2004	Gesellschaft der Förderer der Universität Rostock
2004	Prof. ehrenhalber der Technischen Universität Varna (Bulgarien)
2005	Ehrenmitglied der Univ. Rostock
2012	Ehrenmitglied im Rostocker Eishockey Club (REC)

Catalogus Professorum Rostochiensium, URL: http://purl.uni-rostock.de/cpr/00000782 (28.09.2016)

Das Konzil von 1991 bis 2004

Walter Wild

Der erste Präsident des Konzils, Prof. Dr. Horst Pätzold,[1] schied im Juni 1991 aus dem Konzil und der Universität aus. Er hatte im Januar 1991 das 65. Lebensjahr erreicht. Gleichzeitig verließ auch Prof. Dr. Gerhard Hennighausen[2] das Präsidium, weil er zusammen mit Prof. Dr. Hans Kelling[3] zum Prorektor der Universität Rostock gewählt wurde. Beide setzten sich mit großer Mehrheit gegen zwei andere Kandidaten durch. Auf demselben siebten Konzil wurden daraufhin Walter Wild und Edda Siegl[4] aus der Gruppe der Hochschullehrer ins Präsidium gewählt und als Präsident (damals noch Vorsitzender) und Vizepräsident eingesetzt und vom Konzil bestätigt (215/0/2). Das Konzil blieb weiterhin ein Außerordentliches Konzil mit den zwei Buchstaben a.o., weil es noch kein Landeshochschulgesetz gab.

Einschneidend war der Kabinettsbeschluss der Schweriner Landesregierung. Nach Eingliederung der Hochschulen Warnemünde und Güstrow in die Universität Rostock sollten von den insgesamt 3.600 Stellen 1.832 Stellen gestrichen werden. Ein Sturm der Entrüstung und der Proteste ging durch die Uni-

---

[1] Horst Pätzold: (*1926), 1963−1965 Dozent für Grünlandmelioration und Weideprojektierung, 1965−1969 Professor mit Lehrauftrag für Graslandkunde und Grünlandmelioration, 1969−1991 o. Professor für Futterbau. Catalogus Professorum Rostochiensium, URL: http://purl.uni-rostock.de/cpr/00000824 (10.12.2016). Siehe auch: Horst PÄTZOLD, Nischen im Gras. Ein Leben in zwei Diktaturen. Beiträge zur deutschen und europäischen Geschichte Bd. 20. Hamburg 1997.

[2] Gerhard Hennighausen: (*1939), 1979−1987 Hochschuldozent für Pharmakologie und Toxikologie, 1987−1992 ao. Professor für Pharmakologie und Toxikologie, 1992−2006 Professor (C4) für Pharmakologie und Toxikologie. Catalogus Professorum Rostochiensium, URL: http://purl.uni-rostock.de/cpr/00001511 (03.12.2016). Siehe auch seinen Beitrag in diesem Band, S. 13−25.

[3] Hans Kelling: (*1937 †2016), 1971−1987 Hochschuldozent für Strukturanalytik / Molekülspektroskopie, 1987−1991 ao. Professor für Strukturanalytik / Molekülspektroskopie, 1992−2002 Professor für Allgemeine Chemie. Catalogus Professorum Rostochiensium, URL: http://purl.uni-rostock.de/cpr/00001749 (09.12.2016).

[4] Edda Siegl: (*1944), 1989−1992 Hochschuldozentin für Genetik, 1992−2007 Professorin für Genetik. Catalogus Professorum Rostochiensium, URL: http://purl.uni-rostock.de/cpr/00000156 (10.12.2016).

versität. Auf der achten Tagung des Außerordentlichen Konzils am 14. November 1991 wurde der Kultusminister [Oswald Wutzke[5]] zum Konzil eingeladen. Er schickte seinen Staatssekretär Dr. Thomas de Maizière.[6] Inzwischen war das Konzil auf 352 Mitglieder angewachsen, weil die angegliederten Hochschulen ebenfalls ihre Vertreter in die Kollegialorgane der Universität Rostock entsandt hatten. Vor dieser Rekordzahl von Mitgliedern musste der Staatssekretär jetzt Rede und Antwort stehen.

Das Kultusministerium sah auch deutlich die Probleme, hatte aber kein Geld, entscheidende Verbesserungen – personell und materiell – vorzunehmen. Der Personalbedarf werde ausschließlich nach dem CNW-Berechnungsverfahren[7] ermittelt und einen Sozialplan zur Abfederung von Härtefällen werde es wegen fehlender Finanzen nicht geben.

Für die Neuordnung der ingenieurwissenschaftlichen Ausbildung konnte de Maizière für die Universität Rostock einen positiven Ausblick geben. Der Planungsstab empfahl die Neugründung einer Ingenieurwissenschaftlichen Fakultät an der Universität Rostock und die Errichtung einer Fachhochschule in

---

[5] Oswald Wutzke: 1990–1992 Kultusminister des Landes Mecklenburg-Vorpommern. https://de.wikipedia.org/wiki/Oswald_Wutzke (10.12.2016).

[6] Thomas de Maizière: 1990 Staatssekretär im Kultusministerium des Landes Mecklenburg-Vorpommern, 1994–1998 Chef der Staatskanzlei des Landes Mecklenburg-Vorpommern. https://www.thomasdemaiziere.de/; https://www.bundestag.de/abgeordnete18/biografien/M/maiziere_thomas/258800; https://de.wikipedia.org/wiki/Thomas_de_Maizière (10.12.2016).

[7] CNW Curricularnormwert: Formel zur Berechnung der erforderlichen Lehrkapazität und Planstellen der Studienfächer entsprechend der Zahlen der Studierenden und der von ihnen zu absolvierenden SWS (Semesterwochenstunden). Die Berechnung folgt der Kapazitätsverordnung (KapVO) der jeweiligen Bundesländer. Siehe hierzu aktuell: KapVO Mecklenburg-Vorpommern.
https://beck-online.beck.de/Dokument?vpath=bibdata%2Fges%2Fmvka-pazvo%2Fcont%2Fmvkapazvo.inh.htm&showParallelFundstellenReadable=False (02.12.2016) Dort Anlage 2: Curricularnormwerte für Studiengänge an Universitäten. Zum Muster einer Kapazitätsberechnung nach KapVO siehe:
https://www.uni-giessen.de/org/admin/kb/kap/file/kapazitaetsberechnung.pdf (02.12.2016). Zur aktuellen Diskussion vgl.: Edgar ERDFELDER, Alfred GEISBERGER, Curriculare Normwerte für die neuen Studiengänge. In: Psychologische Rundschau. Bd. 58, Nr. 4, 2007, S. 274–277.

Wismar. Für die Neugründung an der Universität Rostock installierte das Kultusministerium im neuen Jahr eine Gründungskommission und setzte Otto Fiedler[8] als Gründungsdekan ein.

Im neuen Jahr 1992 gingen die Tagungen des Konzils weiter. Am 13. Februar wurden die Mitglieder in die Mensa gerufen, um die Ehrenkommission[9] aufzustocken. Der Berg an Arbeit, der vor den gewählten Mitgliedern der Ehrenkommission lag, war bis zum Stichtag nicht zu bewältigen. Es wurden 22 neue Mitglieder nachgewählt. Das nahm eine längere Zeit in Anspruch, wurden die Kandidaten doch ausgiebig befragt.

In derselben Sitzung stellten sowohl der Kanzler, Dr. Schäfer,[10] als auch der Rektor, Prof. Maeß,[11] die aktuellen Stellenvorgaben und Sachmittelausgaben für 1992, wie von Schwerin angegeben, vor. Ein ungutes Gefühl beschlich die Konzilsmitglieder im Hinblick auf die Aufrechterhaltung des Universitätsbetriebes. Das Präsidium wurde aufgefordert, zur nächsten Tagung den Ministerpräsidenten und den Kultusminister einzuladen. Aber die Empfänger, Dr. Gomolka,[12] und Minister Wutzke waren nicht mehr im Amt.

Zur zehnten Sitzung am 23. April 1992 stellte sich die neue Kultusministerin, Steffie Schnoor,[13] 234 Konzilsmitgliedern zur Diskussion. Vor der Mensa wurde sie von 2.000 Demonstranten von GEW und ÖTV empfangen. 1.000 Uni-

---

[8] Otto Fiedler: (*1931 †2013), 1973–1974 Hochschuldozent für Theoretische Elektrotechnik, 1974–1992 o. Professor für Theoretische Elektrotechnik, 1993–1997 Professor (C4) für Theoretische Elektrotechnik. Catalogus Professorum Rostochiensium,
URL: http://purl.uni-rostock.de/cpr/00001413 (10.12.2016).

[9] Siehe hierzu: Gerhard MAESS (Hrsg.), Die Ehrenkommissionen an der Universität Rostock. Reden anlässlich der Beendigung der Tätigkeit der Ehrenkommissionen am 30.06.1995 und Bericht der Ehrenkommission der Universität Rostock. Rostock [1996].

[10] Johann Peter Schäfer: 1991–1993 Kanzler der Universität Rostock,
URL: http://cpr.uni-rostock.de/site/kanzler.

[11] Gerhard Maeß: (*1937 †2016), 1970–1980 Hochschuldozent für Numerische Mathematik, 1980–1992 o. Professor für Numerische Mathematik, 1993–2003 Professor (C4) für Numerische Mathematik, 1990–1998 Rektor der Universität Rostock. Catalogus Professorum Rostochiensium, URL: http://purl.uni-rostock.de/cpr/00000772 (08.12.2016).

[12] Alfred Gomolka: 1990–1992 Ministerpräsident des Landes Mecklenburg-Vorpommern, https://de.wikipedia.org/wiki/Alfred_Gomolka; http://www.alfred-gomolka.de/; http://www.regierung-mv.de/Landesregierung/stk/Ministerpräsident/Ministerpräsidentenseit-1990/Prof.-Dr.-Alfred-Gomolka/.

[13] Steffie Schnoor: 1992–1994 Kultusministerin des Landes Mecklenburg-Vorpommern. https://de.wikipedia.org/wiki/Steffie_Schnoor; http://www.wikiwand.com/de/Steffie_Schnoor.

Mitarbeiter drängten mit in die Mensa, bekamen aber natürlich im Konzil kein Antrags- und Rederecht und verblieben als stille Zuhörer im Saal, solange die Ministerin da war. Frau Schnoor konnte in ihrer sehr sachlichen Rede der Universität keine Hoffnung auf Stellenerhöhungen, soziale Abfederungen oder bessere Mittelzuweisungen machen. Sie versprach allerdings, sich für die Beibehaltung der deutschlandweit so günstigen Betreuungsrelation 1:9 (wissenschaftliches Personal zu Studenten) einzusetzen und für die Etablierung weiterer Forschungseinrichtungen in Mecklenburg-Vorpommern beim Bund zu werben.

Im Sommer 1992 wurden die Ehrenverfahren (bei den meisten vorbehaltlich der „Gauck"-Auskunft)[14] und anschließend die Übernahmeverfahren abgeschlossen. Das hatte auch Auswirkungen auf das Konzil, denn zum elften Außerordentlichen Konzil am 16. Juli kam es mit 172 Mitgliedern zu einem Minusrekord bei der Beteiligung und zur Beschlussunfähigkeit. Dem Senat ging es in diesen Monaten ähnlich und so mussten im Konzil neue Senatsmitglieder nachgewählt werden. Aufgrund der Beschlussunfähigkeit konnte es nur zur tendenziellen Abstimmung kommen, so dass die eigentliche Wahl als Briefwahl durchgeführt wurde.

Auf derselben Sitzung berichtete Prof. Wildenhain,[15] damals Abteilungsleiter im Kultusministerium, über die Arbeit am neuen Landeshochschulgesetz, was laut Fahrplan im Oktober 1993 durch den Landtag verabschiedet werden sollte. Anschließend erstattete der Rektor seinen Jahresbericht.

Zum 1. Oktober 1992 waren die meisten Planstellen an der Universität Rostock besetzt und die Arbeitsverträge unterschrieben. Mit Freude hörten die Konzilsmitglieder beim wiederum nicht beschlussfähigen zwölften Außerordentlichen Konzil am 19. November (180 Teilnehmer) vom Rektor, Prof. Maeß, dass der Studienprozess an den Fakultäten ohne Nachteile für die Studenten fortgesetzt werden konnte und dass sich 1.400 Studenten an der Universität Rostock neu eingeschrieben hatten.

---

[14] Auskunft der Behörde des Bundesbeauftragten für die Unterlagen des Staatssicherheitsdienstes der ehemaligen Deutschen Demokratischen Republik. Umgangssprachlich nach ihrem ersten Leiter Joachim Gauck Gauck-Behörde genannt.
http://www.bstu.bund.de/DE/Home/home_node.html;
https://de.wiktionary.org/wiki/Gauck-Behörde.

[15] Günther Wildenhain: (*1937), 1971–1973 Hochschuldozent für Analysis, 1973–1992 o. Professor für Analysis, 1993–2003 Professor (C4) für Partielle Differentialgleichungen. Catalogus Professorum Rostochiensium, URL: http://purl.uni-rostock.de/cpr/00001539 (10.12.2016). Siehe auch seinen Beitrag in diesem Band, S. 57–66.

Das Konzil gab an diesem Tag den evaluierten, verrenteten Professoren eine Bühne, sicherlich ein Novum in der Konzilsgeschichte. Ein Antrag zur Beendigung der Ungleichbehandlung dieser Statusgruppe zwischen Ost und West wurde unterstützt und mit Beifall verabschiedet. Später stellten wir nüchtern fest: genützt hat es nichts.

Am 13. Außerordentlichen Konzil am 23. Juni 1993 mit leider nur 163 Teilnehmern endete nach drei Jahren erfolgreicher Arbeit die Außerordentlichkeit. Mit der Verabschiedung des Landeshochschulgesetzes durch den Landtag am 9. Februar 1993 war die Grundlage für Neuwahlen gelegt; bei neuer zahlenmäßigen Mitgliederverteilung auf die Statusgruppen, reduzierter Gesamtzahl und vorgegebener Inhalte.

Nie wieder gab es eine so arbeitsintensive Phase, eine so große Mitgliederzahl, ein so großes Präsidium und eine so hohe Gästequote aus Schwerin, eine solche Vielfalt an Aufgaben und Beschlüssen, nie wieder so lange Sitzungen mit Tonbandmitschnitten und ausführlichen Protokollen. Nie wieder gab es Pausenversorgung und Mittagessen.

Die neue Zeitrechnung im Konzil begann mit dem Wahlaufruf des Kanzlers, Herrn Wittern,[16] im Mai 1994. Mit dem jetzt in ganz Deutschland gültigen Zahlenverhältnis 6:2:2:1 (Professoren zu wissenschaftlichen Mitarbeitern zu Studenten zu nichtwissenschaftlichen Mitarbeitern) gingen die Statusgruppen in die Wahl zum Konzil. Die Quersumme ist 11 und das LHG überließ es jeder Hochschule selbst, dazu ein Konzil mit der Gesamtzahl zwischen 22 und 99 Mitgliedern zu wählen. Wir entschieden uns für die Rostocker Zahl 7, so dass nunmehr 77 Mitglieder dem Konzil angehören. Diese Anzahl ist bei Abstimmungen gut überschaubar, passt in die Aula, und keiner kann sich in der Masse verstecken. Mit der Reduzierung der Mitgliederzahl wurde gleichzeitig auch das Präsidium verkleinert. Zukünftig wird es nur noch einen Präsidenten und einen Vizepräsidenten geben. Übrigens galt die Zusammensetzung 6:2:2:1 ab sofort auch für den Senat, der mit der Zahl 2 multipliziert eine Stärke von 22 Mitgliedern bekam.

Die konstituierende Sitzung fand am 13. Juli 1994 in der Aula statt. Zum Präsidenten wurde Prof. Wild (64/0/0) gewählt, als Vizepräsidentin setzte sich Frau Dr. Fulda (38 Stimmen) gegen Prof. Wree[17] (25 Stimmen) durch. Der Rektor, Prof. Maeß, und seine beiden Prorektoren wurden mit würdigenden Worten

---

[16] Joachim Wittern: (*1944), 1993–2007 Kanzler der Universität Rostock. Catalogus Professorum Rostochiensium, URL: http://purl.uni-rostock.de/cpr/00000001 (10.12.2016).

[17] Andreas Wree: (*1952): seit 1992 Professor für Anatomie. Catalogus Professorum Rostochiensium, URL: http://purl.uni-rostock.de/cpr/00001723 (10.12.2016). Siehe auch seinen Beitrag in diesem Band, S. 51-56.

und langanhaltendem Beifall aus ihren Ämtern verabschiedet. Danach wurden der Rektor und drei Prorektoren neu gewählt. Prof. Maeß stellte sich erneut dem Amt und wurde ohne Gegenkandidaten mit der erforderlichen Zweidrittelmehrheit (61/1/0) für die nächsten vier Jahre wieder zum Rektor gewählt. Die neuen Prorektoren waren die Professoren Münzberger[18] (39 Stimmen), Nieke[19] (39 Stimmen) und Prittwitz[20] (60 Stimmen). In Abstimmung mit dem Rektor war eine ausgewogene Verteilung auf die Fakultäten zusammengekommen: Medizin, Philosophie und Jura.

Erstmalig wurden auf Vorschlag des Senats Ehrensenatoren gewählt: Friedrich Harms[21] für sein großes finanzielles Engagement und für sein unermüdliches Eintreten für die Universität, ihre Studenten und einzelne Fakultäten; Prof. Ernst Rüdiger Kiesow[22] als erster frei gewählter Prorektor; Prof. Werner Krenkel[23], der für den Wiederaufbau der Juristischen Fakultät (1952 aufgehoben) verantwortlich war und Prof. Horst Pätzold, der erste Präsident des Konzils. Mit der Wahl einer Kommission zur Ausarbeitung einer neuen Geschäftsordnung endete diese Sitzung.

In dieses Jahr 1994 fiel das 575. Gründungsjahr der Universität Rostock, viel beachtet im Land und an unseren Partneruniversitäten. Im Jahr 1995 wurde die Arbeit der Ehrenkommission mit einem Abschlussbericht vor dem Konzil

---

[18] Ekkehard Münzberger (*1937), 1984–1992 o. Professor für Arbeitsmedizin, 1992–2003 Professor (C4) für Arbeitsmedizin. Catalogus Professorum Rostochiensium, URL: http://purl.uni-rostock.de/cpr/00001538 (10.12.2016).

[19] Wolfgang Nieke (*1948), 1993–2013 Professor für Allgemeine Pädagogik, Catalogus Professorum Rostochiensium, URL: http://purl.uni-rostock.de/cpr/00001527 (10.12.2016).

[20] Cornelius Prittwitz: (*1953), 1993–2000 Professor (C4) für Strafrecht, Strafprozessrecht, Kriminologie und Kriminalpolitik. Catalogus Professorum Rostochiensium, URL: http://purl.uni-rostock.de/cpr/00001830 (10.12.2016).

[21] Friedrich Harms: (*1916 † 2007) Friedrich- und Irmgard Harms-Stiftung, http://www.uni-rostock.de/ueber-uns/stift-foerd/; https://idw-online.de/de/news220280 (10.12.2016).

[22] Ernst-Rüdiger Kiesow: (*1926 †2003), 1965–1967 Dozent für Praktische Theologie, 1967–1969 Professor mit Lehrauftrag für Praktische Theologie, 1969–1991 o. Professor für Praktische Theologie. Catalogus Professorum Rostochiensium, URL: http://purl.uni-rostock.de/cpr/00002036 (08.12.2016). Siehe auch: Ernst-Rüdiger KIESOW, Theologen in der sozialistischen Universität. Persönliche Erinnerungen und Dokumente 1965–1991. Mit einem Beitrag von Gert Haendler. Rostock 2000.

[23] Werner Krenkel: (*1926 †2015), 1964–1975 Dozent für Lateinische Philologie und Archäologie, 1975–1992 ao. Professor für Lateinische Philologie und Archäologie, 1992–1993 Professor für Klassische Philologie/Latinistik. Catalogus Professorum Rostochiensium, URL: http://purl.uni-rostock.de/cpr/00001309 (08.12.2016).

beendet und per Akklamation bestätigt. Auch wurde die neue Geschäftsordnung beschlossen.

In der Januarsitzung 1996 ging es um die Verfassung der Universität. Zu ihrer Annahme bedurfte es einer berechtigt hohen Hürde: zwei Drittel aller Mitglieder mussten der Verfassung zustimmen. Das bedeutete, dass alle Mitglieder zum Konzil erscheinen mussten. Das war eine Aufgabe, der sich immer wieder das Präsidium und Frau Oppermann mit ihrem Referat stellten (Frau Gatzke, Frau Rogge, Frau Kordt). In einer siebenstündigen Aussprache und Diskussion wurde um jeden Paragrafen und jeden Absatz inhaltlich und sprachlich gerungen, ehe das Konzil zur Abstimmung schritt. Mit einem eindeutigen Votum für die neue Verfassung (58/3/1) konnte diese dem Ministerium zugeschickt werden.

Im Oktober 1996 begann die dritte Amtsperiode des Konzils, das hieß für die Mitglieder: Neuwahl des Präsidiums und neuer Prorektoren. Prof. Wild (60/0/3) und Frau Dr. Fulda (57/0/3) wurden erneut in das Präsidium gewählt. Für die Prorektoren kandidierten in Abstimmung mit dem Rektor und auf Vorschlag des Senats Frau Prof. Szagun[24] (40 Stimmen), Prof. Riedel[25] (46 Stimmen) und der bisherige Prorektor Prof. Münzberger (30 Stimmen). Während die ersten beiden die erforderlichen 39 Stimmen erhielten, wurde erstmals ein Wunschkandidat des Rektors durch das Konzil nicht gewählt. Ähnlich wie im Jahr 2015 könnten die Nichtteilnehmer (Nichtwähler) den Ausschlag gegeben haben. Im Jahr 1996 waren es 13 Konzilsmitglieder, die nicht erschienen.

In das Jahr 1997 fiel ein bemerkenswertes und gleichzeitig außergewöhnliches Konzil (15. Januar 1997). Ausgangspunkt war die bedrohliche Ankündigung aus Schwerin, die Studiengänge Zahnmedizin, Klassische Archäologie, Ur- und Frühgeschichte und Slawistik an der Universität Rostock zu schließen. Die Zahnmedizin sammelte 40.000 Unterschriften gegen die Schließung und rief zu einem Sternmarsch aller Fakultäten zur Marienkirche auf. Das Konzil stellte sich geschlossen gegen die Schließungspläne und rief seine Mitglieder zur gemeinsamen Sitzung mit dem Senat in die Marienkirche, der Gründungskirche der Universität Rostock 1419. Etwa 8.000 Studierende und Mitarbeiter strömten

---

[24] Anna-Katharina Szagun: (*1940), 1992−2005 Professorin für Religionspädagogik, Catalogus Professorum Rostochiensium,
URL: http://purl.uni-rostock.de/cpr/00001942 (12.12.2016).

[25] Wolfgang Riedel: (*1942), 1994−2007 Professor für Landschaftsplanung und Landschaftsgestaltung, Catalogus Professorum Rostochiensium,
URL: http://purl.uni-rostock.de/cpr/00001928 (12.12.2016).

zur Marienkirche. Einziger Tagesordnungspunkt: Beschluss gegen die Schließung der Studiengänge. Diese Protestresolution wurde vom Konzil und Senat ohne Gegenstimme und Enthaltung verabschiedet.

Im Anschluss kam es in der restlos überfüllten Aula zu einer Podiumsdiskussion mit der Ministerin, Regine Marquart.[26] Zur Unterstützung hatte sie sich den Chef der Staatskanzlei, Dr. Thomas de Maizière, und den Abteilungsleiter Hermann Fischer mitgebracht. Während der Veranstaltung wurde die Protestresolution der Ministerin übergeben.

Selten hatte die Aula einen solchen massenhaften emotionalen Auftritt aller Statusgruppen dieses Ausmaßes erlebt – das letzte Mal wohl beim Auftritt Wolf Biermanns[27] zu DDR-Zeiten; besonders in der Diskussionsrunde nach dem Konzert.

Auf der Herbstsitzung 1997 beschloss das Konzil die Tonbandmitschnitte abzuschaffen. Das war ein längst überfälliger Beschluss, denn die Tonbänder wurden bis heute nicht angehört. Im selben Konzil wählte die Versammlung auf Vorschlag des Senats den Gründungsdekan der Ingenieurwissenschaftlichen Fakultät, Prof. Otto Fiedler, zum Ehrensenator.

Im Jahr 1998 endete die achtjährige Amtszeit von Prof. Gerhard Maeß. Laut LHG war eine nochmalige Wiederwahl nicht möglich. Auch endete die Amtszeit der Prorektoren und der Konzilsmitglieder. Der Senat schlug dem Konzil zwei Kandidaten für das Rektorenamt vor: den Dekan der Philosophischen Fakultät, Prof. Hans Jürgen Wendel,[28] und den Dekan der Mathematisch-Naturwissenschaftlichen Fakultät, Prof. Günther Wildenhain. Nach zwei Stunden ausgiebiger Vorstellung und Diskussion mit den Kandidaten konnte der Wahlakt vollzogen werden. Das Konzil war mit 74 Mitgliedern beschlussfähig – eine Teilnahme, wie sie bisher noch nie zusammengekommen war. Die Stimmenauszählung ergab ein eindeutiges Votum für Prof. Wildenhain (48 Stimmen) gegenüber Prof. Wendel (24 Stimmen); eine Stimme war ungültig.

---

[26] Regine Marquardt: (†2016), 1994–1998 Kultusministerin des Landes Mecklenburg-Vorpommern, https://de.wikipedia.org/wiki/Regine_Marquardt (12.12.2016).

[27] Wolf Biermann: (*1936), Liedermacher und Lyriker, https://de.wikipedia.org/wiki/Wolf_Biermann (12.12.2016).

[28] Hans Jürgen Wendel: (*1953), seit 1992 Professor für Philosophie (Schwerpunkt Formale Philosophie), 2002–2006 Rektor der Universität Rostock, Catalogus Professorum Rostochiensium, URL: http://purl.uni-rostock.de/cpr/00000841 (12.12.2016).

In Abstimmung mit dem neuen Rektor stellten sich drei Kandidaten zur Wahl für die drei Prorektorenposten: Prof. Hastedt[29] (59 Stimmen), Prof. Kelling (56 Stimmen) und Prof. Riedel (41 Stimmen). Sie kamen aus der Philosophischen, der Mathematisch-Naturwissenschaftlichen und der Agrarwissenschaftlichen Fakultät, also wieder eine gute Verteilung innerhalb der Universität Rostock.

Auf der konstituierenden Sitzung des neuen Konzils im Herbst 1998 wurde erneut Prof. Wild zum Präsidenten gewählt (69/2/1). Die Vizepräsidentenwahl entschied Frau Dr. Horster (40 Stimmen) für sich gegenüber Herrn Dr. Hansen (22 Stimmen).

Im März 1999 gab es eine Schrecksekunde für das Konzil. Die Universitäten wurden aufgefordert, Zuarbeiten und Vorstellungen zu einem neuen Landeshochschulgesetz (LHG) nach Schwerin zu schicken. Im ersten Thesenpapier der Universität Rostock tauchte das Konzil gar nicht mehr auf. Mehr noch: es hieß sogar wörtlich: „Abschaffung des Konzils und Übertragung der Aufgaben auf den Akademischen Senat oder einen erweiterten Akademischen Senat." Da musste das Präsidium des Konzils in der Universität Rostock und in Schwerin aktiv werden, um weiterhin das Konzil im LHG zu verankern. Übrigens hatte sich die Universität Greifswald damals für einen erweiterten Senat entschieden.

Für den Rektor wäre es sicherlich leichter, mit einem Senat und einem erweiterten Senat zu amtieren, aber gerade in Rostock hat das Konzil eine lange Tradition, hatte viel bewegt und auf den Weg gebracht. Deshalb sollte auch jedes Mitglied sich im Klaren sein, welche Verantwortung er/sie mit der Hineinwahl ins Konzil von seiner Statusgruppe übertragen bekommen hat. Er/sie muss sich für das Wohl der Universität einsetzen und danach entscheiden; unabhängig von der politischen Zugehörigkeit.

In der Oktobersitzung 1999 wurden die Leistungen von Prof. Maeß und Prof. Benad[30] für die Universität gewürdigt und beide auf Vorschlag des Senats zu Ehrensenatoren gewählt.

Nach Überschreiten der Jahrtausendgrenze gab es im Jahr 2000 wieder Neuwahlen für das Konzil und neue Prorektoren. Vier Kandidaten gingen in die

---

[29] Heiner Hastedt: (*1958), seit 1992 Professor für Philosophie (Schwerpunkt Praktische Philosophie), URL: http://purl.uni-rostock.de/cpr/00000723 (29.12.2016).

[30] Gottfried Benad: (*1932), 1969–1972 Hochschuldozent für Anaesthesiologie, 1972–1992 o. Professor für Anaesthesiologie, 1992–1998 Professor (C4) für Anaesthesiologie und Intensivtherapie, Catalogus Professorum Rostochiensium, URL: http://purl.uni-rostock.de/cpr/00001588 (12.12.2016).

Wahl für drei Prorektorenposten. Im ersten Wahlgang erreichten Prof. Erbguth[31] (39 Stimmen) und Prof. Kelling (39 Stimmen) die erforderliche Mehrheit. Prof. Wendel (34 Stimmen) und Prof. Reinmuth[32] (32 Stimmen) mussten in die Stichwahl. Inzwischen hatten einige Mitglieder die Sitzung verlassen und das Konzil war nicht mehr beschlussfähig. Die Wahl des dritten Prorektors wurde auf die Zusatzsitzung verschoben. Im Vorfeld der zweiten Sitzung zog Prof. Reinmuth seine Kandidatur zurück. Auf dieser zweiten Sitzung, die ausschließlich der Wahl des dritten Prorektors diente, äußerte der Rektor Bedenken gegen den Wahlvorgang und beantragte die Wahl des dritten Prorektors abzusetzen und den Wahlvorschlag an den Senat zurückzugeben. Nach Rede und Gegenrede zu diesem Antrag stimmte das Konzil gegen den Antrag des Rektors (30/31/2). Das Konzil beschloss den zweiten Wahlgang durchzuführen (41/19/3). Bei der anschließenden Wahl erhielt Prof. Wendel nicht die erforderliche Stimmenzahl (30/31/2). Damit war das Wahlverfahren beendet und der Akademische Senat musste einen neuen Wahlvorschlag dem Konzil einreichen.

Für die Wahl des Präsidenten des Konzils für die Amtszeit 2000–2002 traten Prof. Wild (42 Stimmen) und Prof. Konrad Zimmermann[33] (24 Stimmen) gegeneinander an. Als Vizepräsidentin kandidierte Frau Dr. Rita Clausen und wurde gewählt (60/7).

Im Jahr 2002 gingen die Amtszeit und die Dienstzeit des Rektors, Prof. Wildenhain, zu Ende und das Konzil traf sich zur Wahl eines neuen Rektors (29.05.2002). Der Senat entsandte zwei Kandidaten, Prof. Hastedt und Prof. Wendel. Nach ausführlicher Vorstellung und Diskussion entschied sich das Konzil, das mit 68 Mitgliedern versammelt war, folgendermaßen: Prof. Heiner Hastedt 22 Stimmen, Prof. Hans Jürgen Wendel 45 Stimmen. Damit war Prof. Wendel für die Amtszeit 2002-2006 zum Rektor gewählt. In einer weiteren Sitzung am 8. Juli 2002 wurden die neuen Prorektoren gewählt: Prof. Detlef

---

[31] Wilfried Erbguth: (*1949), 1992–2014 Professor für Öffentliches Recht unter besonderer Berücksichtigung des Verwaltungsrechts, URL: http://purl.uni-rostock.de/cpr/00000135 (29.12.2016).

[32] Eckart Reinmuth: (*1952), seit 1995 Professor für das Neue Testament, Catalogus Professorum Rostochiensium, URL: http://purl.uni-rostock.de/cpr/00001446 (12.12.2016).

[33] Konrad Zimmermann: (*1940), 1987–1992 Hochschuldozent für Klassische Archäologie, 1992–2005 Professor (C4) für Klassische Archäologie, Catalogus Professorum Rostochiensium, URL: http://purl.uni-rostock.de/cpr/00001864 (12.12.2016).

Czybulka[34] (58/6/1), Prof. Gerd Röpke[35] (55/10/0) und Frau Prof. Tusnelda Tivig[36] (45/18/2) – aus der Juristischen, der Mathematisch-Naturwissenschaftlichen und der Wirtschafts- und Sozialwissenschaftlichen Fakultät. Die konstituierende Sitzung des neuen Konzils für die Amtszeit 2002–2004 fand am 6. November 2002 statt. Zur Wahl zum Präsidium wurde wiederum Prof. Wild vorgeschlagen und gewählt (62/4/0) und als Vizepräsidentin die Jurastudentin im 7. Semester Ulrike Lehmann (65/1/0). Der Rektor, Prof. Wendel, erklärte, dass er die Kandidatur der beiden Bewerber begrüße und sich freue, dass eine Studentin für das Präsidium kandidiere. (Auszug aus dem Ergebnisprotokoll).[37]

Auf der Sitzung des Konzils am 11. Juni 2003 gab es nur einen Punkt: Beschlussfassung über die Grundordnung der Universität Rostock, die vom Senat vorbereitet worden war. Die letzte Grundordnung stammte aus dem Jahr 1996. Vorsichtshalber wurde das Konzil bereits im Vorfeld auf eine weitere Sitzung am 18. Juni 2003 vorbereitet. Jeder Paragraf und jede vorgeschlagene Änderung wurden diskutiert und darüber einzeln tendenziell abgestimmt. Nach eifriger, lang andauernder Diskussion wurde die Grundordnung am 18. Juni 2003 mit 54 Ja-Stimmen, 4 Nein-Stimmen und 3 Stimmenthaltungen verabschiedet und an den Minister, Prof. Metelmann,[38] geschickt. Natürlich kam die Grundordnung aus Schwerin mit Anmerkungen und Modifikationen wieder zurück, so dass sich der Senat erneut damit befassen musste und das Konzil am 22. Oktober 2003 zur endgültigen Abstimmung zusammenkam.[39] Die Zweidrittelmehrheit

---

[34] Detlev Czybulka: (*1944), 1993–2011 Professor für Staats- und Verwaltungsrecht, Umweltrecht und Öffentliches Wirtschaftsrecht, Catalogus Professorum Rostochiensium, URL: http://purl.uni-rostock.de/cpr/00001445 (12.12.2016).

[35] Gerd Röpke: (*1941), 1977–1987 Hochschuldozent für Theoretische Physik, 1987–1992 ao. Professor für Theoretische Physik, 1992–2009 Professor (C4) für Theoretische Physik, Catalogus Professorum Rostochiensium, URL: http://purl.uni-rostock.de/cpr/00000837 (12.12.2016).

[36] Thusnelda Tivig: (*1954), seit 1995 Professorin für Allgemeine Volkswirtschaftslehre, Wachstum und Konjunktur, Catalogus Professorum Rostochiensium, URL: http://purl.uni-rostock.de/cpr/00001940 (12.12.2016).

[37] Privatarchiv Walter Wild.

[38] Hans-Robert Metelmann: (*1952), seit 1993 Klinikdirektor und ordentlicher Professor für Mund-Kiefer-Gesichtschirurgie und Plastische Operationen, 2002–2006 Minister für Bildung, Wissenschaft und Kultur des Landes Mecklenburg-Vorpommern, http://www2.medizin.uni-greifswald.de/mkg_chir/index.php?id=285; https://de.wikipedia.org/wiki/Hans-Robert_Metelmann (12.12.2016).

[39] Amtliche Bekanntmachungen. Hrsg.: Der Rektor der Universität Rostock. Rostock 2003.

wurde erreicht. Auf derselben Sitzung gab sich das Konzil eine neue Geschäftsordnung (47/3/10) und der Universität eine neue Wahlordnung (60/0/1).

Die Trennung der Ingenieurwissenschaftlichen Fakultät in zwei Fakultäten – Maschinenbau und Schiffstechnik sowie Informatik und Elektrotechnik – erforderte eine Änderung der Wahlordnung. Die Fakultät Bauingenieurwesen war bereits früher durch den Senat aufgelöst worden. Daher wurde das Konzil zum 7. April 2004 einberufen. Diese Sitzung wird als die kürzeste Sitzung in die Konzilsgeschichte eingehen: Beginn 13,00 Uhr, Ende 13,20 Uhr, Abstimmungsergebnis 50/0/2.

Das Jahr 2004 war auch das Wahljahr für die Prorektoren. Prof. Wendel wünschte, mit den drei Prorektoren seiner ersten zwei Amtsjahre geschlossen in die folgenden zwei Jahre zu gehen. In geheimer Wahl wurden auf der Sitzung am 16. Juni 2004 die Prorektoren Prof. Czybulka (35/19) und Prof. Röpke (36/18) bestätigt; Prof. Tivig wurde bei 27 Ja-Stimmen und 27 Gegenstimmen vom Konzil nicht bestätigt. Ein weiterer gewichtiger Punkt dieses Konzils war der Universitätsentwicklungsplan. Schnell wurde klar, dass eine Stellungnahme zum Plan in einer Sitzung nicht abschließend behandelt werden konnte. So setzte das Konzil eine Arbeitsgruppe ein und vertagte sich auf den 21. Juli 2004. Die schriftlich eingegangenen Stellungnahmen umfassen einen halben großen Ordner. Im Juli-Konzil ging die Diskussion hin und her, aber zum Schluss stimmte das Konzil doch mehrheitlich der Stellungnahme zu (34/6/2).

Im November-Konzil wurde wieder ein neues Präsidium gewählt. Meine Amtszeit endete nach „unverschämt" langen 13 ½ Jahren. Ich habe die Aufgabe gern gemacht und wurde auch alle zwei Jahre von Konzilsmitgliedern ermuntert erneut zu kandidieren und wurde von ihnen vorgeschlagen. Ich wünsche mir, dass sich auch weiterhin engagierte Professoren, Studenten und Mitarbeiter der wichtigen Konzilsarbeit widmen und dass das Konzil noch lange erhalten bleibt.

Prof. Dr. Wolfgang Schareck

Vita Wolfgang Schareck

Wolfgang Schareck, geboren am 25. Januar 1953 in Düsseldorf, entstammt väterlicherseits einer rheinischen Juristenfamilie, mütterlicherseits der Reederfamilie Cords aus Rostock, die 1945 nach Schweden floh. Er besuchte die Schule in Düsseldorf, wo er 1971 das Abitur ablegte. Im selben Jahr nahm er an der Albert-Ludwigs-Universität in Freiburg das Studium der Humanmedizin auf, das er 1978 abschloss und zugleich zum Dr. med. promovierte. Der Titel seiner Dissertation lautete: „Einteilung und Verlauf chronischer Kardiomyopathien unter besonderer Berücksichtigung hämodynamischer und röntgenologischer Kriterien." Seine berufliche Tätigkeit führte ihn 1978 zunächst für drei Jahre als Stabsarzt an das Bundeswehrkrankenhaus in Hamm (Westfalen), danach an das Pathologische Institut des Städtischen Krankenhauses in Dortmund, wo er bis 1982 als Assistent tätig war. In diesem Jahr wechselte er an die Eberhard-Karls-Universität in Tübingen, wo er an der Chirurgischen Klinik als Assistent seine Ausbildung in der Allgemeinen Chirurgie fortsetzte und im Jahr 1987 Fach- und Oberarzt auf diesem Gebiet wurde. Eine weitere Spezialisierung erreichte er 1988 durch einen Gastaufenthalt am Physiologischen Institut der Georg-August-Universität in Göttingen. Hier konnte er experimentelle Forschungen in der Organprotektion durchführen.

Nach seiner Rückkehr habilitierte sich Wolfgang Schareck 1992 an der Universität Tübingen zum Dr. med. habil. im Fach Chirurgie mit einer Abhandlung zum Thema „Organprotektion der Leber: Konservierung der Schweineleber nach Perfusion mit den organprotektiven Lösungen 'EuroCollins' und 'UW'". Es folgte die Ausbildung zum Gefäßchirurgen bis 1994. In diesem Jahr wechselte er an die Universität Rostock und übernahm hier als Leitender Oberarzt in der Universitätsmedizin die Abteilung für Allgemeine, Thorax-, Gefäß- und Transplantationschirurgie. Für seine in Lehre und Forschung vertretenen Gebiete der Gefäß- und Transplantationschirurgie wurde Wolfgang Schareck 1999 zum Außerplanmäßigen Professor, 2002 zum Professor der Universität Rostock ernannt. Neben seinen Pflichten als Hochschullehrer engagierte er sich aktiv in der Selbstverwaltung der Universität Rostock. Seit 2009 ist er ihr Rektor.

Zum Persönlichen sei angemerkt: Wolfgang Schareck ist seit 1978 mit Ursula Tschirdewahn verheiratet. Sie haben drei Kinder und vier Enkelsöhne.

Akademische Selbstverwaltung und Mitgliedschaften

2000–2004	stellv. Mitglied im Konzil
2004–2008	Präsident des Konzils
2004–2008	Mitglied im Fakultätsrat der Medizinischen Fakultät
2006–2008	Studiendekan
2006–2008	Mitglied im Senat
2008	Prorektor für Studium, Lehre und Evaluation
Seit 2009	Rektor
Seit 1999	Vorsitz der Organkommission Pankreastransplantation in der Deutschen Transplantationsgesellschaft (DTG)
2000–2004	Mitglied der Prüfungskommission der Bundesärztekammer
2000–2006	Mitglied der Ständigen Kommission Organtransplantation der Bundesärztekammer
Seit 2001	Mitglied und stellv. Vorsitzender des Fachbeirats der Deutschen Stiftung Organtransplantation (DSO) Region Nordost
Seit 2002	Mitglied und seit 2005 Chairman des Euro Transplant Pancreas Advisory Committee
Seit 2004	Mitglied des Boards bei Euro Transplant (für drei Jahre gewählt, 2007 bestätigt)
Seit 2007	Mitglied der Kommission Organspende der DTG

Initiator des Interdisziplinären Gefäßzentrums der Univ. Rostock (URIG)
Mitglied und Vorsitzender der Qualitätssicherungskommission Chirurgie der Krankenhausgesellschaft M-V
Deutsche Gesellschaft für Chirurgie
Deutsche Gesellschaft für Transplantationsmedizin
Deutsche Gesellschaft für Gefäßchirurgie
Norddeutsche Gesellschaft für Gefäßmedizin
Bund Deutscher Chirurgen

Catalogus Professorum Rostochiensium, URL: http://purl.uni-rostock.de/cpr/00001284 (28.09.2016) und https://de.wikipedia.org/wiki/Wolfgang_Schareck (22.12.2016).

Das Konzil von 2004 bis 2008

Wolfgang Schareck

Vielen Dank Frau Präsidentin!
Liebe Mitlieder des Konzils!
Liebe Ehrensenatoren, Senatoren, Kollegen der Hochschulleitung!

Es war ja ganz schwierig 2004 einen neuen Präsidenten für das Konzil zu finden, denn Herr Walter Wild hatte das mit einer seltenen Souveränität gemacht, so dass sich kaum jemand an die Nachfolge heranwagte, wie ich mich erinnere. Der erste, der sich für eine Kandidatur erwärmte, war Herr Maik Walm.[1] Ein Präsidium nur aus Studierenden? Er würde auch für die Vizepräsidentschaft zur Verfügung stehen, sagte er. Dann wurde noch einmal gefragt, ob nicht noch jemand kandidieren wolle, aber niemand meldete sich. Da stieß mich Prof. Arndt Rolfs[2] an und sagte, er werde jetzt mich vorschlagen und ich dürfe nicht kneifen. Meine Antwort war: „Ich kneife nicht." So kam es nach der Wahl in einer guten Art und Weise zur Zusammenarbeit. Vorbesprechungen zu den Sitzungen des Konzils fanden mit Erfolg im „Heumond"[3] statt. In den Sitzungen mussten wir erst einmal zählen. Anwesenheit und Beschlussfähigkeit bereiteten häufig Schwierigkeiten; bisweilen war es sehr knapp. Am 4. November 2004 waren immerhin 45 von 57 Mitgliedern anwesend. Die Konzilssitzungen waren zum Teil schlecht besucht. Im Durchschnitt, habe ich einmal ausgerechnet, hatten wir 52 anwesende Mitglieder, aber etwa im November 2005 waren nur 40–44 stimmberechtigte Mitglieder anwesend. An dieser Stelle möchte ich gern meinen Dank ausdrücken für die Betreuung der Arbeit des Konzils durch Frau Silke Oppermann, Frau Isabella Gatzke, Frau Wenke Friske-Saß und Frau Gundula Rogge.

Die Stimmung gegenüber der Landesregierung war nicht immer harmonisch. Zum Beispiel haben wir uns oft bemüht, gegen Ende der Konzilssitzung

---

[1] Maik Walm: M.A., wissenschaftlicher Mitarbeiter im Bereich „Erziehungswissenschaft unter besonderer Berücksichtigung der Schulpädagogik und empirischen Bildungsforschung" (ESB), http://www.isp.uni-rostock.de/schulpaedagogik-und-bildungsforschung/mitarbeiterinnen/steckbriefe/walm-maik/;
http://www.philfak.uni-rostock.de/institut/ischulpa/esb/mitarbeiter03.htm (13.12.2016).

[2] Arndt Rolfs: (*1959), 1997–2008 Professor für Neurologie, seit 2008 Professor für Neurorestauration, Catalogus Professorum Rostochiensium,
URL: http://purl.uni-rostock.de/cpr/00001513 (13.12.2016).

[3] Café Heumond, Hermannstraße 38: http://www.heumond.de/impressum.html (13.12.2016).

noch eine Resolution mit Forderungen an die Landesregierung zu verfassen. Ich zitiere einmal aus der Sitzung vom 30. Mai 2005: „Das Konzil erwartet von der Landesregierung Mecklenburg-Vorpommern einen Paradigmenwechsel in der Bildungspolitik, in dem die herausragende Bedeutung der Universitäten für die Landesentwicklung nicht nur formuliert, sondern auch umgesetzt wird. Wir lehnen an der Universität Rostock die aktuellen Sparmaßnahmen der Landesregierung ab und fordern eine auf dem Hochschulentwicklungsplan und dem Landeshochschulgesetz Mecklenburg-Vorpommern basierende Hochschulplanung. Das schließt die Stärkung der Forschungsstrukturen und den Erhalt der Studiengänge mit ein." Sie merken, wie wenig sich über die Jahre geändert hat.

In den Sitzungen hatten wir viele Wahlen und Personalentscheidungen durchzuführen. So wurden die Mitglieder des Universitätsrates gewählt, dem aktuell (2016) angehören: Prof. Eike Lehmann,[4] Eva-Maria Buchholz,[5] Prof. Wolfgang Grieger,[6] Prof. Hans Joachim Meyer[7] und Jörg Sinnig.[8]

Im Jahr 2005 war dann das Landeshochschulgesetz ein Stein des Anstoßes, der zu Beratungen führte. Darüber hat das Konzil intensiv diskutiert und lehnte den Entwurf als Versuch zur Einrichtung einer Gesamthochschule Mecklenburg-Vorpommern ab, die zur Deklassierung der Hochschulen zu Landesbehörden führe. Die Zeiten standen immer noch unter den Sparzwängen. Wir haben 2005 über den Ausschreibungstext auf die Stelle des Rektors entschieden und den Vorschlag an den Akademischen Senat gesandt. Das Jahr 2006 war gekennzeichnet von der Wahl des Rektors für die Amtszeit von 2006 bis 2010. Ein

---

[4] Eike Lehmann: (*1940), 1979–1983 Professor für Schiffstechnische Konstruktionen und Berechnungen an der Universität Hannover, von 1983 bis zum Ruhestand an der Technischen Universität Hamburg-Harburg, https://de.wikipedia.org/wiki/Eike_Lehmann (13.12.2016).

[5] Eva Maria Buchholz: seit 2002 Leiterin des Hinstorff-Buchverlages in Rostock, https://www.hinstorff.de/autor/34-eva-maria-buchholz.html (13.12.2016).

[6] Wolfgang Grieger: seit 2016 Honorarprofessor der Agrar- und Umweltwissenschaftlichen Fakultät, Catalogus Professorum Rostochiensium,
URL: http://purl.uni-rostock.de/cpr/00003632 (13.12.2016).

[7] Hans Joachim Meyer: (*1936), 1990 Minister für Bildung und Wissenschaft der DDR in der Regierung de Maizière, 1990– 2002 Sächsischer Staatsminister für Wissenschaft und Kunst., https://de.wikipedia.org/wiki/Hans_Joachim_Meyer (13.12.2016).

[8] Jörg Sinnig: Vorstandsvorsitzender der SIV AG (Roggentin bei Rostock), 2012 Preisträger der Kategorie „Unternehmerpersönlichkeit",
http://www.unternehmerpreis-mv.de/rueckblick/preistraeger-und-finalisten-2012/ (13.12.2016).

Novum war ein Kandidat von außerhalb mit Herrn Thomas Strothotte,[9] der von der Universität Magdeburg kam und der gegen Herrn Hans Jürgen Wendel antrat. Herr Wendel glaubte, dass die Wahl für ihn ausgehen würde. Es fand eine lange Diskussion statt. Die lange Rednerliste wurde dann geschlossen. Der letzte Redner war Altrektor Gerhard Maeß. Er hielt eine dramatisch scharfe Rede und sprach davon, dass ohne Einvernehmen mit der Landesregierung und dem Bildungsministerium jetzt der Wagen gegen den Baum gefahren sei und dass Anlass für einen grundlegenden Wandel bestehe. Es gab Tumulte, aber schließlich kam es zur Wahl: gewählt wurde Herr Strothotte. Einige Dekane traten nach dieser Wahl zurück, das Konzil natürlich nicht, denn wir wahrten unsere demokratischen Rechte. Wahlen können ganz unterschiedlich ausgehen, das ist zu akzeptieren. Dennoch fiel es schwer wieder Ruhe in der Universität herzustellen. Im Jahr 2006 wurde der Leitungsstab des Rektors mit Herrn Klaus-Heinrich Hock[10] als Prorektor für Studium, Lehre und Evaluation und mit Herrn Johannes Saalfeld[11] als studentischem Prorektor bestätigt. Im Januar 2007 wurde Herr Bernhard Lampe[12] von der Fakultät für Informatik und Elektrotechnik für das Prorektorat Forschung gewählt.

Die Diskussion im Jahr 2007 galt vor allem dem Thema Bachelor- und Master-Strukturen, dem grundsätzlichen Vorgehen und der Umsetzung von Vorgaben. Seit 2005 sollten zwischen dem Bildungsministerium und den Hochschulen Zielvereinbarungen geschlossen werden. Allerdings gab es keine Zielvereinbarung für die Universität Rostock, sondern eine von der Landesregierung und vom Bildungsministerium ohne Zustimmung der Universität Rostock erlassene

---

[9] Thomas Strothotte: (*1959), Prof. für Informatik, Spezialgebiet Computergraphik und Interaktive Systeme, 2006−2008 Rektor der Universität Rostock, 2009−2013 Präsident der Universität Regensburg, seit 2013 Präsident der Kühne Logistics University Hamburg, Catalogus Professorum Rostochiensium,
URL: http://purl.uni-rostock.de/cpr/00000006;
https://de.wikipedia.org/wiki/Thomas_Strothotte;
Kühne Logistics University: https://www.the-klu.org/search/?q=strothotte (13.12.2016).

[10] Klaus-Heinrich Hock: (*1955), seit 1996 Professor für Religionsgeschichte - Religion und Gesellschaft, Catalogus Professorum Rostochiensium,
URL: http://purl.uni-rostock.de/cpr/00001554; http://www.theologie.uni-rostock.de/fachgebiete/religionsgeschichte-religion-und-gesellschaft/prof-dr-klaus-hock/ (13.12.2016).

[11] Johannes Saalfeld (*1982,) Politiker der Grünen, 2011-2016 Abgeordneter im Landtag von Mecklenburg-Vorpommern, https://de.wikipedia.org/wiki/Johannes_Saalfeld (13.12.2016).

[12] Bernhard Lampe: (*1947), 1987-1992 Hochschuldozent für Regelungstheorie, 1992-2012 Professor für Regelungstechnik, seit 2013 Seniorprofessor, Catalogus Professorum Rostochiensium, URL: http://purl.uni-rostock.de/cpr/00000131 (13.12.2016).

Zielvorgabe. Das heißt, wir bekamen Ziele und Projekte gestellt, welche das Land festlegte. Die rechtliche Verbindlichkeit blieb umstritten. In dieser Lage mussten wir feststellen, dass wir im Hochschulbau gewissermaßen kaltgestellt wurden, indem das Land keine Mittel dafür bereitstellte. Herrn Strothotte ist es zu verdanken, dass er wieder das Gespräch mit dem Bildungsministerium herstellen konnte. Herr Hans-Robert Metelmann[13] war bis 2007 Bildungsminister, wurde dann abgelöst von Herrn Henry Tesch. Durch den von Herrn Strothotte erreichten Ausgleich kam es tatsächlich dazu, dass wir viele Projekte umsetzen konnten.

Der nächste bedeutende Punkt waren dann die Überlegungen zur Gründung der Interdisziplinären Fakultät. Das stand ganz im Vordergrund. Es wurde geprüft, wie eine Forschungsexzellenz durch die Zusammenführung von verschiedenen exzellenten Teilstrukturen in der Internationalität erreicht werden könne. Hier gab es viele, die sich Hoffnung machten. Es wurden lange Gespräche geführt. Es bildeten sich dann drei, später vier Profillinien zukunftsrelevanter Themen heraus, die eine vom Land unterstützte Anfangsfinanzierung, eine Staatsfinanzierung bekamen: Leben, Licht und Materie; Maritime Systeme; Altern des Individuums und der Gesellschaft sowie Wissen – Kultur – Transformation. Das Konzil nahm Stellung zu den Profillinien und unterstützte die Bildung der Interdisziplinären Fakultät, forderte aber Evaluation sowie zeitgerechte Re-Evaluation der Profillinien mit externer Begutachtung und Gewährleistung auch der Einheit von Forschung und Lehre. Außerdem solle der Rektor ein Finanzierungskonzept vorbereiten, das die Lasten gleichmäßig in der Universität verteile.

Zusammenfassend für 2008 haben wir einen Bericht über die zwölf Konzilssitzungen gegeben, in dem wir vor allem auch einen Gesamtrahmen und ein Ziel aufgezeigt haben. Wir fragten uns, wie sinnvoll Ausgaben für ein Konzil sind. Als Ergebnis hielten wir fest, dass das Konzil zu den Strukturen der Universität Rostock gehört. Man muss die Kosten daher bezahlen; man darf den Aufwand nicht in Arbeitsstunden umrechnen und meinen, das lohne sich nicht. Mir hat die Arbeit im Konzil insgesamt viel Spaß gemacht. Sie hat mir viele Einblicke gegeben, die für mich einen großen Wandel und Gewinn an Kenntnissen und Kompetenzen brachte. Wir Mediziner neigen dazu, die Außenwelt völ-

---

[13] Hans-Robert Metelmann: (*1952), seit 1993 Klinikdirektor und ordentlicher Professor für Mund-Kiefer-Gesichtschirurgie und Plastische Operationen, 2002−2006 Minister für Bildung, Wissenschaft und Kultur des Landes Mecklenburg-Vorpommern, http://www2.medizin.uni-greifswald.de/mkg_chir/index.php?id=285; https://de.wikipedia.org/wiki/Hans-Robert_Metelmann (12.12.2016).

lig zu vernachlässigen und nur die Innenwelt des Operationssaales wahrzunehmen. In der akademischen Selbstverwaltung – im Fakultätsrat wie im Konzil – habe ich die Außenwelt kennenlernen müssen, und es war und ist eine Zeit, die ich nicht missen möchte, bei allen Strukturproblemen, die wir in dieser Stadt und Universität durchgemacht haben. Gern übergebe ich jetzt den Staffelstab an meinen Nachfolger, Herrn Andreas Wree.

Prof. Dr. Andreas Wree

Vita Andreas Wree

Andreas Wree, geboren am 11. Mai 1952, stammt aus dem hohen Norden Deutschlands: aus Nordballig nahe der Flensburger Förde (heute ein Ortsteil von Dollerup). In Flensburg ging er zur Schule und legte dort 1971 das Abitur ab. Noch im selben Jahr nahm er sein Studium der Medizin an der Christian-Albrechts-Universität in Kiel auf, das er 1977 mit der Ärztlichen Prüfung beendete. Nach Ableistung seiner einjährigen Wehrpflicht promovierte er 1978 zum Dr. med. mit seiner Dissertation zum Thema „Über die Pars cerebellaris nuclei coerulei des Menschen. Ein Modell für den Nachweis einer altersabhängigen Neuronenreduktion". Zugleich nahm er seine Tätigkeit als Wissenschaftlicher Assistent am Anatomischen Institut der Universität Kiel auf. Im Jahr 1981 wechselte er an die Universität zu Köln, ebenfalls als Wissenschaftlicher Assistent am dortigen Anatomischen Institut, wo er bis 1987 blieb.

Während seiner Kölner Zeit habilitierte sich Andreas Wree 1986 zum Dr. med. habil. im Fach Anatomie der Universität Köln. Der Titel seiner Abhandlung lautete: „Reduktion der Plastizität des visuellen Systems in der postnatalen Ontogenese der Ratte". Ein Jahr später erhielt er den Rauf auf die Professur für Anatomie an der Julius-Maximilians-Universität in Würzburg, die er bis 1992 innehatte – bis zu seiner Berufung auf die Professur für Anatomie und als Direktor des Instituts für Anatomie der Universität Rostock. Seine aktuellen Forschungsgebiete sind: Stammzellforschung, Tiermodelle neurodegenerativer Erkrankungen, In vitro Autoradiographie, Immunzytologie, Traktologie. Die von ihm in der akademischen Selbstverwaltung wahrgenommenen Ämter und seine Mitgliedschaften sind nachfolgend aufgezählt.

Akademische Selbstverwaltung und Mitgliedschaften

1996–2008 Mitglied im Fakultätsrat
2000–2004 Studiendekan
2000–2006 Mitglied im Konzil
2004–2014 Mitglied der Kommissionen für die Prüfung zum
           Fachanatomen (Anatomische Gesellschaft)
2008–2014 Präsident des Konzils

Mitglied der Anatomischen Gesellschaft
Mitglied der Neurowissenschaftlichen Gesellschaft

Catalogus Professorum Rostochiensium, URL: http://purl.uni-rostock.de/cpr/00001723 (22.12.2016)

Rückblick auf drei Konzilsamtsperioden von 2008 bis 2014

Andreas Wree

Verehrtes Präsidium des Konzils!
Sehr geehrte Damen und Herren!
Ich begrüße darüber hinaus alle die, die schon begrüßt worden sind!

Es steht ein kurzer Rückblick zu drei Konzilsamtsperioden von 2008 bis 2014 an. Diese Amtsperiode war eine spannende Zeit mit vielen wichtigen Personalentscheidungen. Ich nenne nur die Wahl und die Wiederwahl von Magnifizenz Schareck, die Wahl von Herrn Neukirchen als Kanzler, die Wahl der Mitglieder des Universitätsrates, und die wiederkehrenden Wahlen der Prorektorinnen und Prorektoren.

Nach dem Gesetz über die Hochschulen des Landes Mecklenburg-Vorpommern in der jetzigen Fassung von 2011 und 2012 hat das Konzil nach § 80[1] folgende Aufgaben:

> *(1) Das Konzil berät über die grundlegenden Angelegenheiten der Hochschule. Aufgaben des Konzils sind insbesondere:*
> *1. der Beschluss der Grundordnung auf Vorschlag des Senats,*
> *2. der Beschluss der Wahlordnung der Hochschule auf Vorschlag des Senats,*
> *3. die Wahl der Mitglieder der Hochschulleitung,*
> *4. die Wahl der Mitglieder des Hochschulrates,*
> *5. die Abwahl der Hochschulleitung oder von Mitgliedern der Hochschulleitung auf Vorschlag des Senats,*
> *6. Verabschiedung einer Stellungnahme zum Entwurf des Hochschulentwicklungsplans der Hochschule,*
> *7. Verabschiedung einer Stellungnahme zum Entwurf des Wirtschaftsplanes.*

---

[1] Gesetz über die Hochschulen des Landes Mecklenburg-Vorpommern (Landeshochschulgesetz – LHG M-V) vom 5. Juli 2002 (GVOBl. M-V S. 398), http://www.uni-rostock.de/fileadmin/UniHome/Studium/pdf_infomaterial/lhg_mv.pdf, S. 44 f.

(2) Dem Konzil gehören nach Maßgabe der Grundordnung bis zu 66 Mitglieder an. Das Verhältnis der Gruppenvertreter gemäß § 52 Absatz 2 beträgt 2 : 2 : 1 : 1.

(3) Bei den Wahlen nach Absatz 1 Nummer 3 mit Ausnahme der Kanzlerin oder des Kanzlers und Nummer 4 können von den Vertretern jeder Gruppe eigene Wahlvorschläge eingebracht werden. Bei den Stellungnahmen nach Absatz 1 Nummer 6 und 7 sollen Minderheitsvoten einer Gruppe ausdrücklich angeführt werden.

(4) Das Konzil gibt sich eine Geschäftsordnung und wählt aus seiner Mitte eine Vorsitzende oder einen Vorsitzenden. Die Amtszeit der Mitglieder des Konzils beträgt zwei Jahre. Die Grundordnung kann bestimmen, dass die Amtszeit der Vertreterinnen und Vertreter der Gruppe der Studierenden ein Jahr beträgt; Wiederwahl ist zulässig.

Aus der Fülle der Diskussionen und Beschlüsse der sechs Jahre möchte ich nur 2zwei herausgreifen, die sich explizit auf die grundlegenden Angelegenheiten der Hochschule bezogen: 1. die Denkwerkstatt und 2. unseren Brief an die Landtagsabgeordneten und Minister aus Sorge um die finanzielle Schieflage der Universität.

Zunächst zur Denkwerkstatt: auf der Konzilssitzung vom 29. Juni 2011 wurde die Denkwerkstatt ins Leben gerufen. Diese neue Aufgabe hatte das Konzil sich gegeben, nachdem in der aktuellen Neufassung des Landeshochschulgesetzes die Bedeutung des Konzils im demokratischen Willensbildungs- und Entscheidungsprozess gestärkt worden war. Gebildet wurden drei statusgruppenübergreifende Arbeitskreise 1. Mitarbeiterführung, Motivation, 2. Forschung, 3. Studium und Lehre, um sich bei zentralen Themen des universitären Lebens aktiv einzumischen. Hierbei ging es unter anderem um die Mitgestaltung der Forschungsdatenbank, die Evaluation von Lehrveranstaltungen, die Verbesserung von Kommunikation und Transparenz von universitären Entscheidungsprozessen sowie die Verbesserung der Umsetzung der „Regeln guter wissenschaftlicher Praxis" an unserer Universität.

Ein erstes wichtiges Ergebnis der Denkwerkstatt war auch die Vorlage und Verabschiedung der Empfehlung der *Führungsleitlinien der Universität Rostock*, die dem Rektorat nach Beschlussfassung im Konzil übergeben wurden.

Für alle Mitglieder der Universität mit Führungsverantwortung sind diese Führungsleitlinien Grundlage ihres kooperativen Führungshandelns und verbindlicher Handlungsrahmen. Die Leitlinien sollen Führungskräften aller Bereiche und Ebenen helfen, Führungsaufgaben im Interesse der Universität und ihrer Mitarbeiterinnen und Mitarbeiter erfolgreich wahrzunehmen und die Zusammenarbeit ständig weiterzuentwickeln.

Diese Führungsleitlinien sind von Rektorat übernommen worden und nach Unterzeichnung durch die Hochschulleitung am 14. Oktober 2013 für unsere Universität verbindlich.

Als zweiten Punkt möchte ich über unseren Brief an die Landtagsabgeordneten und Minister vom Februar 2013 berichten.

Das Konzil als höchstes und größtes gewähltes Gremium der Universität Rostock hat sich aus Sorge um die finanzielle Schieflage der Universität und um die Arbeitsfähigkeit und Konkurrenzfähigkeit der Universität Rostock an die verantwortlichen Politikerinnen und Politiker des Landtages Mecklenburg-Vorpommern und der Ministerien einschließlich des Ministerpräsidenten gewandt. Denn wir als Universität brauchen eine angemessene und bedarfsorientierte Grundfinanzierung, die die Kernaufgaben der Universität (Lehre, Forschung, Nachwuchsförderung und Infrastrukturleistungen) abdeckt. Es ging – kurz gesagt – um das sogenannte strukturelle Defizit des Universitätshaushaltes.

Ich zitiere eine wesentliche Textpassage des Briefes, der von einer kleinen Arbeitsgruppe erarbeitet und von Konzil vor der Versendung diskutiert und verabschiedet wurde:

Um die von Gesellschaft und Politik geforderte Leistungsfähigkeit unserer Universität und der sie tragenden Studierenden, MitarbeiterInnen und ProfessorInnen auch langfristig zu erhalten, benötigen wir eine Korrektur des Landeshaushaltes und eine Aufstockung der Mittel um mindestens 10,6 Millionen Euro p. a. zur Finanzierung der Personalkosten mit dem Ziel der Sicherung des Forschungs- und Lehrbetriebes. Deshalb fordert das Konzil der Universität Rostock den Landtag und die Landesregierung auf, eine den tatsächlichen Bedarf deckende Grundfinanzierung der Universität Rostock sicherzustellen. Denn wir wollen gemeinsam mit Ihnen einen leistungs- und konkurrenzfähigen Universitätsbetrieb aufrechterhalten und den Wissenschaftsstandort Mecklenburg-Vorpommern pflegen und ausbauen.

Was ist danach geschehen? Der Brief wurde in Schwerin wirklich gelesen und – wie ich aus politischen Kreisen gehört habe – auch heftig diskutiert. Und unser Bildungsminister Brodkorb[2] folgte der Einladung zu der darauffolgenden

---

[2] Matthias Brodkorb: (*1977), 2011–2016 Minister für Bildung, Wissenschaft und Kultur, seit 20216 Finanzminister des Landes Mecklenburg-Vorpommern, http://www.spd-fraktion-mv.de/abgeordnete/a-z/mathias-brodkorb; https://de.wikipedia.org/wiki/Mathias_Brodkorb (13.12.2016).

Sitzung des Konzils, einer gemeinsamen Sitzung von Konzil und Senat – übrigens die erste gemeinsame Sitzung von Konzil und Senat – am 26. Juni 2013, um uns seinen Standpunkt zur Frage der universitären Finanzlage sehr detailliert zu erläutern und ein wenig zu diskutieren.

Wir können stolz darauf sein, dass unsere Aktivitäten – begleitet und unterstützt durch das Rektorat – zumindest zum Teil Erfolg hatten: Der Zuschuss zum laufenden Betrieb der Universität wurde um 4,5 Millionen per anno erhöht. Dadurch konnte die Zwangsvakanz – also das nicht Besetzen dürfen von Stellen in den einzelnen Fakultäten – aufgehoben werden.

Ein Fazit der Jahre: Wir haben versucht, neben den im LHG dezidert zugewiesenen Aufgaben, ganz bewusst uns grundlegenden Angelegenheiten der Hochschule zu widmen. Ich denke, mit der Weisheit der Vielen aus allen Statusgruppen (Studenten, Mitarbeiter und Professoren) und ihrem Engagement ist es gelungen, unsere ALMA MATER ROSTOCHIENSIS ein wenig basisdemokratisch mitzugestalten. Und – das ist mir ganz wichtig – wir haben gezeigt und gelebt, dass das Konzil wichtig und notwendig ist. Vielleicht erinnern sich einige von Ihnen, dass wir in der Konzilssitzung vom 27. Januar 2010 im Rahmen der Diskussion um die Neufassung des LHG die Bedeutung des Konzils im demokratischen Willensbildungs- und Entscheidungsprozess herausgestellt hatten. Mit unserem klaren Bekenntnis zum Fortbestand des Konzils hatten wir seinerzeit dem Landesrechnungshof und seiner Organisationsprüfung vom 23. November 2009 vehement widersprochen und somit das Konzil im LHG weiterhin verankern können.

Ich danke von dieser Stelle noch einmal allen, die daran mitgewirkt haben: Namentlich möchte und muss ich jetzt einfach noch die beiden tollen und hochaktiven Vizepräsidentinnen der Jahre 2008 bis 2014 nennen, mit denen ich zusammenarbeiten durfte und mit denen ich so mache Stunde in ihren Büros bei löslichem Kaffee oder erlesenem Tee diskutiert habe: Petra Maier und Ulrike Schümann.

Ihnen allen danke ich für Ihre Aufmerksamkeit.

Prof. Dr. Günther Wildenhain

Vita Günther Wildenhain

Geboren am 09. Oktober 1937 in Beerwalde (Sachsen) entwickelte sich der Werdegang über das Abitur 1955 in Mittweida, das Mathematikstudium an der TU Dresden, die Promotion 1964 und die Habilitation 1968 in Dresden, eine wissenschaftliche Tätigkeit am Institut für Reine Mathematik der Deutschen Akademie der Wissenschaften in Berlin (von 1965 bis 1971) zur Berufung auf eine ordentliche Professur für Analysis an die Sektion Mathematik der Rostocker Universität im Jahre 1973. Die Wiedervereinigung brachte eine einschneidende Wende im Berufsleben. Phasen in Lehre und Forschung wechselten mit Phasen eines hochschulpolitischen Engagements in der Hochschulpolitik – bis in die Zeit nach dem Übergang in den Ruhestand 2003, und ist bis heute nicht beendet. Dies alles ist ausführlich nachzulesen in dem Buch „Aus dem Berufsleben eines Mathematikers" (Untertitel: „Forschung, Lehre und Hochschulpolitik in zwei Gesellschaftssystemen"), das im Verlauf des Jahres 2017 in der Forum-Reihe des Deutschen Hochschulverbandes erscheinen wird. Die darin ausführlich dargestellte Vita ist geprägt durch die Verzahnung der folgenden Themenkomplexe:

- Der wissenschaftliche Werdegang und das Wirken als Mathematiker an der TU Dresden, der Deutschen Akademie der Wissenschaften in Berlin und der Universität Rostock, insbesondere die Tätigkeit als Präsident der Deutschen-Mathematiker-Vereinigung nach dem Übergang in den Ruhestand in den Jahren 2004 und 2005.
- Das Wirken in der Hochschulpolitik des Landes Mecklenburg-Vorpommern als Ministerialdirigent und Leiter der Abteilung für Wissenschaft und Forschung im Kultusministerium im Prozess der Hochschulerneuerung während der Wendezeit von 1991 bis 1993 sowie als Landesvorsitzender des Deutschen Hochschulverbandes.
- Die Tätigkeit an der Universität Rostock in der Zeit der DDR, in der Wendezeit und nach der deutschen Wiedervereinigung, insbesondere das Wirken als Rektor von 1998 bis 2002.
- Der Beitrag zur Gründung der Hochschule für Musik und Theater als Vorsitzender des Gründungsausschusses sowie Gründer und Vorsitzender des Vereins „Freunde und Förderer der Hochschule für Musik und Theater Rostock e. V."

Das wissenschaftliche und hochschulpolitische Wirken ist ferner dokumentiert in etwa 80 wissenschaftlichen Publikationen und drei Büchern (erschienen im Akademie-Verlag Berlin und im Birkhäuser-Verlag Basel und Stuttgart) sowie darüber hinaus in zahlreichen Vorträgen auf nationalen und internationalen Konferenzen sowie in Beiträgen und Studien zur Hochschulpolitik.

Die Eheschließung mit Gertraude Wildenhain, geborene Wigand, erfolgte am 19.07.1963. Aus der Ehe sind drei Kinder und fünf Enkelkinder hervorgegangen.

Günther Wildenhain, Dezember 2016.

Akademische Selbstverwaltung und Mitgliedschaften

1990–1991   Fachbereichssprecher
1994–1996   Fachbereichssprecher
1996–1998   Dekan der Mathematisch-Naturwissenschaftlichen Fakultät der Universität Rostock
1998–2002   Rektor der Universität Rostock
1990–1991, 1994–1998, seit 2002
            Landesvorsitzender M-V des Deutschen Hochschulverbandes
1991–1993   Abteilungsleiter für Wissenschaft und Forschung im Kultusministerium des Landes MV,
            Ernennung zum Ministerialdirigenten
1993   Vorsitzender des Gründungsausschusses der Hochschule für Musik und Theater, Rostock
1999–2001   Mitglied der Sächsischen Hochschulentwicklungskommission
2004–2005   Präsident der Deutschen Mathematiker-Vereinigung
2006   Vorsitzender des „Vereins Rostocker Freunde der Altertumswissenschaften e.V., letzte Wiederwahl am 27.01.2016

Catalogus Professorum Rostochiensium, URL: http://purl.uni-rostock.de/cpr/00001539 (28.09.2016) und eigene Angaben

Hochschulpolitik und Konzil

Günther Wildenhain

Magnifizenz!
Sehr geehrte Frau Vollmar!
Sehr geehrte Konzilsmitglieder!
Meine Damen und Herren!

Ich freue mich, dass ich eingeladen wurde, auf diesem Konzilsjubiläum ein paar Worte sagen zu dürfen. Vielen Dank dafür.

Wir haben schon viele interessante Einzelheiten über die Arbeit des Konzils in den vergangenen 25 Jahren gehört – auch über hochschulpolitische Hintergründe.

Ich erlaube mir deshalb, noch einige persönliche Erinnerungen und Anmerkungen anzuschließen. Das liegt mir deshalb besonders am Herzen, weil mein ganz persönlicher Werdegang nach der Wende – und das ist keineswegs übertrieben – sehr eng mit diesem Konzil verknüpft ist. Das war der Weg aus der Aufbruchsstimmung der Wendezeit heraus, zunächst in die Hochschulpolitik im Kultusministerium nach Schwerin, dann wieder zurück in die Universität und schließlich ins Rektorat. Parallel dazu war ich immer – bis heute – der Hochschulpolitik über den Deutschen Hochschulverband verbunden. Ich komme darauf zurück.

Doch zunächst ein paar allgemeine Bemerkungen: Derzeit werden ja an allen Universitäten Ostdeutschlands Veranstaltungen mit dem Tenor 25 Jahre Hochschulerneuerung durchgeführt. Diese Veranstaltungen haben gewiss alle ihren eigenen Akzent. Doch ich bin ziemlich sicher, dass die Hochschulerneuerung an keiner anderen Universität so eng mit der Arbeit eines Konzils verknüpft ist wie bei uns in Rostock. Die Schaffung eines Konzils, so wie in Rostock, war ja durchaus nicht zwingend. Man hätte sich auch für einen Erweiterten Senat entscheiden können, so wie das in Greifswald geschehen ist und bis heute praktiziert wird. Durch die dadurch gegebene engere Verbindung zwischen Konzil (bzw. dem Erweiterten Senat) einerseits sowie Senat und Rektorat andererseits, hätte sich vielleicht manches Problem und manche Überraschung vermeiden lassen. Es gab ja gelegentlich Ergebnisse von Rektor- und vor allem von Prorektorwahlen, durch die das Rektorat und der Senat regelrecht schockiert wurden.

Ich denke dabei insbesondere an den Ausgang der Wiederwahl zweier Prorektoren: einer in der Amtszeit von Professor Maeß,[1] einer in jüngster Zeit, die von der Universitätsleitung – ich denke, ich übertreibe nicht – geradezu als Katastrophe empfunden werden mussten.

Das beruhte auf verständlichen Gründen, denn die nicht wiedergewählten Prorektoren hatten hervorragende Arbeit geleistet – zum Wohle der Universität. Vor längerer Zeit wurde sogar einmal darüber nachgedacht, zur Greifswalder Praxis – [eines erweiterten Senats anstelle des Konzils] – überzugehen. Diese Überlegungen wurden aber durch energische Proteste aus dem Konzil heraus im Keime erstickt.

Fazit ist aber: Das Konzil hat über 25 Jahre nicht nur hervorragende Arbeit geleistet, es hat darüber hinaus seine Unabhängigkeit bewahrt, sowie Charakter und Würde gezeigt. Dazu kann auch ein ehemaliger Rektor, der die Unbequemlichkeit dieses Gremiums gelegentlich auch zu spüren bekam, heute nur dankbar gratulieren.

Gestatten Sie, dass ich auf einige persönliche Beziehungen zum Konzil – und meine Sicht darauf – eingehe. Es begann ja mit der Wahl zum außerordentlichen Konzil und dessen nicht hoch genug zu veranschlagenden Aktivitäten in der Wendezeit und in den Jahren danach. Die Euphorie der Wendezeit hatte auch mich erfasst. Ich habe die Sternstunden der jüngeren Universitätsgeschichte im Frühjahr und Sommer 1990 miterlebt. Ich weiß noch, wie in der ersten Sitzung, die sich über zwei Tage hinzog die Atmosphäre brodelte und alles aus dem Ruder zu laufen drohte; wie Kollege Hennighausen[2] dem Kollegen Pätzold[3] zur Seite sprang, um alles wieder einzufangen und in geordnete Bahnen zu lenken.

---

[1] Gerhard Maeß (*1937 † 2016), 1970–1980 Hochschuldozent für Numerische Mathematik, 1980–1992 o. Professor für Numerische Mathematik, 1993–2003 Professor (C4) für Numerische Mathematik, 1990–1998 Rektor der Universität Rostock. Catalogus Professorum Rostochiensium, URL: http://purl.uni-rostock.de/cpr/00000772 (08.12.2016).

[2] Gerhard Hennighausen: (*1939), 1979–1987 Hochschuldozent für Pharmakologie und Toxikologie, 1987–1992 ao. Professor für Pharmakologie und Toxikologie, 1992–2006 Professor (C4) für Pharmakologie und Toxikologie. Catalogus Professorum Rostochiensium, URL: http://purl.uni-rostock.de/cpr/00001511 (03.12.2016). Siehe auch seinen Beitrag in diesem Band, S. 13–26.

[3] Horst Pätzold: (*1926), 1963–1965, Dozent für Grünlandmelioration und Weideprojektierung, 1965–1969 Professor mit Lehrauftrag für Graslandkunde und Grünlandmelioration, 1969–1991 o. Professor für Futterbau. Catalogus Professorum Rostochiensium, URL: http://purl.uni-rostock.de/cpr/00000824 (10.12.2016). Siehe auch: Horst PÄTZOLD, Nischen im Gras. Ein Leben in zwei Diktaturen. Beiträge zur deutschen und europäischen Geschichte Bd. 20. Hamburg 1997.

Ich war einer der drei Kandidaten, die zur Wahl für das Rektoramt antraten. Das klare Wahlergebnis zugunsten von Herrn Maeß habe ich damals keineswegs als Niederlage empfunden. Herr Maeß war der richtige Mann zur richtigen Zeit. Das Wahlergebnis hat mich auch von meinem weiteren Einsatz für die Hochschulerneuerung nicht abbringen können. Ich habe mich im Deutschen Hochschulverband engagiert und wurde am 9. Oktober 1990 (an meinem Geburtstag) zum Vorsitzenden des Landesverbandes gewählt. In dieser Eigenschaft hatte ich sehr schnell Kontakte zu Thomas de Maizière,[4] dem damaligen Staatssekretär im Kultusministerium in Schwerin. Dem Kultusministerium oblag ja jetzt die Fach- und Rechtsaufsicht über die Hochschulen und Universitäten des neu entstandenen Bundeslandes Mecklenburg-Vorpommern. Im März 1991 holte mich de Maizière dann als Hochschulabteilungsleiter ins Kultusministerium, nachdem mein Vorgänger „Professor" Molt aus Augsburg sich als Hochstapler entpuppt hatte. Ich bin mit etwas gemischten Gefühlen, aber mit viel Elan und gutem Willen nach Schwerin gegangen – in der Überzeugung, mich damit am wirkungsvollsten für die Erneuerung unserer Universität einsetzen zu können.

Die Zeit in Schwerin war für mich die aufregendste, aber auch interessanteste meines beruflichen Lebens. Da sie in unmittelbarem Zusammenhang mit dieser Universität und insbesondere mit der Arbeit und dem Selbstverständnis des damaligen Außerordentlichen Konzils steht, erlaube ich mir, über einige spezifische Besonderheiten und Erlebnisse meiner damaligen Schweriner Zeit zu reflektieren.

Die Zeit vom Januar 1990 bis zur Wiedervereinigung am 3. Oktober war eine Zeit sehr weitgehender Autonomie für die Hochschulen des Landes, insbesondere auch für die Universität Rostock. Man hatte sich daran gewöhnt, ohne einschneidende Eingriffe von außen zu agieren. Ein Hochschulgesetz gab es noch nicht. Die Hochschulverordnung der letzten – aber frei gewählten – DDR-Regierung unter dem Wissenschafts-Minister Meyer,[5] dem späteren Wissenschaftsminister im Freistaat Sachsen und jetzigen Ehrenmitglied des Deutschen Hochschulverbandes, ließ die Zügel sehr locker.

---

[4] Thomas de Maizière: 1990 Staatssekretär im Kultusministerium des Landes Mecklenburg–Vorpommern, 1994–1998 Chef der Staatskanzlei des Landes Mecklenburg–Vorpommern. https://www.thomasdemaiziere.de/; https://www.bundestag.de/abgeordnete18/biografien/M/maiziere_thomas/258800; https://de.wikipedia.org/wiki/Thomas_de_Maizière (12.12.2016).

[5] Hans Joachim Meyer: (*1936), 1990 Minister für Bildung und Wissenschaft der DDR in der Regierung de Maizière, 1990– 2002 Sächsischer Staatsminister für Wissenschaft und Kunst., https://de.wikipedia.org/wiki/Hans_Joachim_Meyer (13.12.2016).

Diese Situation änderte sich mit dem Einsetzen der Länderhoheit und der Einbeziehung der Universitäten und Hochschulen in den Geltungsbereich des HRG. Damit war die traumhafte Autonomie-Situation erst einmal zu Ende.

Da ich natürlich in Schwerin zur Loyalität gegenüber der Landespolitik verpflichtet war, fand ich mich hochschulpolitisch plötzlich „auf der Gegenseite" wieder. In Rostock entstanden verständlicher Weise gelegentlich Erwartungen an mich – auch aus Kreisen des Konzils – denen ich beim besten Willen nicht entsprechen konnte.

Dennoch habe ich mich immer bemüht, mich nach besten Kräften für die Interessen der Universität einzusetzen. Dies führte in Schwerin wiederum zu Irritationen und zu Intrigen gegen mich. Der damalige Minister Oswald Wutzke[6] sprach gar nicht mehr mit mir. Es gab offenbar Leute, die meinen Posten als Hochschulabteilungsleiter auch gern gehabt hätten. So gab es hinter meinem Rücken von einer meiner Referatsleiterinnen einen Beschwerdebrief an den damaligen Ministerpräsidenten Herrn Gomolka,[7] der mir im Nachhinein heimlich in Kopie zugespielt wurde, und in dem mir vorgeworfen wurde, ich sei kein loyaler Vertreter des Ministers, sondern ein einseitiger Lobbyist der Universität Rostock. Thomas de Maizière, mit dem ich sehr konstruktiv zusammengearbeitet habe und mit dem ich wunderbar harmonierte, hat mich damals konsequent gestützt und von einer vorzeitigen Rückkehr nach Rostock abgehalten.

Ein weiteres Problem hing mit der Universität Greifswald zusammen. Nach meiner Berufung nach Schwerin gab es sofort energische Proteste aus Greifswald, die Universität Rostock habe nunmehr einen Lobbyisten im Kultusministerium platziert und es bestehe die Gefahr, dass die Greifswalder Interessen nicht mehr angemessen vertreten werden. Meine Tätigkeit in Schwerin war also von Anfang an ein Tanz auf der Rasierklinge.

Doch zurück zum Konzil. Zum Dreh- und Angelpunkt der Hochschulpolitik wurde 1992 die Neustrukturierung, verbunden mit dem Personalabbau und der personellen Erneuerung.

Hier kamen jetzt die Vorgaben und Empfehlungen weitgehend aus Schwerin. Ich habe mich damals nicht nur damit identifiziert, ich war auch an der Erarbeitung beteiligt. Es lag in der Natur der Sache, dass sich das Konzil der Universität dazu kritisch positionierte. Auf eines hinzuweisen, liegt mir aber

---

[6] Oswald Wutzke: 1990–1992 Kultusminister des Landes Mecklenburg–Vorpommern, https://de.wikipedia.org/wiki/Oswald_Wutzke (10.12.2016).

[7] Alfred Gomolka: 1990–1992 Ministerpräsident des Landes Mecklenburg–Vorpommern, https://de.wikipedia.org/wiki/Alfred_Gomolka; http://www.alfred–gomolka.de/; http://www.regierung–mv.de/Landesregierung/stk/Ministerpräsident/Ministerpräsidenten–seit–1990/Prof.–Dr.–Alfred–Gomolka/ (10.12.2016).

heute am Herzen. Wenn es gelungen wäre, unsere damaligen in der Hochschulabteilung erarbeiteten Konzepte umzusetzen, das heißt das Personalkonzept und die Hochschulbauvorhaben – entsprechend dem Konzept von Heinle, Wischer und Partner[8] – dann wären viele Probleme der Folgejahre, die bis in die Gegenwart reichen, nicht aufgetreten.

Wir hatten im Jahre 1992 eine Studienplatz-Zielzahl für MV von 28.000 prognostiziert. Darauf basierte auch das erwähnte damalige Hochschulbaukonzept. Unter Einkalkulierung einer allgemein tolerierten Überlast entspräche das in etwa der heute erreichten Studentenzahl. Vom Finanzministerium wurde die Studienplatz-Zielzahl damals aber auf 21.000 abgesenkt. Das war ein gravierender Fehler – der natürlich im Laufe der Jahre nicht der Einzige blieb.

Nach meiner auf eigenen Wunsch erfolgten Rückkehr an die Universität im Herbst 1993 spielte dann das Konzil wieder Schicksal mit mir. Es wählte mich 1998 in das Rektoramt. In Anbetracht meiner Schweriner Vergangenheit war das natürlich nicht ohne Weiteres zu erwarten. Ich bin dem damaligen Konzil noch heute dankbar dafür, denn ich habe mein Amt sehr gern ausgeübt.

In Rostock konnte ich mich ohne landespolitische Rücksichten wieder offensiv für die Universitätsinteressen einsetzen. Immerhin gelang es uns gemeinsam, die Zahnmedizin nach vierjährigem Kampf wieder zum Leben zu erwecken. Nach den Signalen aus dem Wissenschaftsrat wäre dies auch für das Bauingenieurwesen gelungen, wenn der Landwirtschaftsminister damals nicht die Bereitstellung des Oscar-Kellner-Institutes[9] für das Bauwesen verweigert hätte. Auch den Erhalt der Juristischen Fakultät in ihrem ursprünglichen Umfang hatten wir abgesichert. Leider hat die Fakultät selbst später das dafür erstellte Konzept nicht umgesetzt, was dann zu der jetzigen Verstümmelung und der Einstellung des Staatsexamens-Studienganges führt.

Um es zusammenzufassen: Ich habe aus meiner Amtszeit eine sehr angenehme Erinnerung an die Zusammenarbeit mit dem Konzil.

Vielleicht noch ein letzter Gesichtspunkt, der keinesfalls unter den Tisch fallen darf. Das Konzil kann stolz sein auf seine exzellente Arbeit. Diese ist aber

---

[8] Heinle, Wischer und Partner. Freie Architekten, http://www.heinlewischerpartner.de/ (14.12.2016)

[9] Das Oskar-Kellner-Institut wurde 1953 als Institut für Tierernährung gegründet und 1970 dem Forschungszentrum für Tierproduktion Dummerstorf (heute Leibniz-Institut für Nutztierbiologie) angegliedert. https://de.wikipedia.org/wiki/Oskar–Kellner–Institut. Siehe auch: Forschungszentrum für Tierproduktion Dummerstorf-Rostock (Hrsg.): 50 Jahre Tierzucht- und Tierproduktionsforschung Dummerstorf. Festveranstaltung am 24. und 25.5.1989 in Rostock. Akademie der Landwirtschaftswissenschaften der Deutschen Demokratischen Republik. Rostock 1989.

nicht zu trennen von der Qualität der Arbeit seiner Präsidenten. Dafür hat das Konzil immer eine gute Wahl getroffen. Wir haben die Parade der Ex-Präsidenten ja hier erlebt. Es begann mit dem Ehrensenator Professor Pätzold und seinem Stellvertreter, Professor Hennighausen. Beiden wurde in den Anfangsjahren besonders viel abverlangt. Sie haben die Herausforderung glänzend gemeistert.

Es folgte die zwölfjährige, verdienstvolle Amtszeit des Kollegen Wild, mit dem ich insbesondere in meiner Rektoratszeit kollegial und konstruktiv zusammenarbeiten durfte. Im Anschluss nahm dann (bis heute) die Medizin das Heft in die Hand. Herr Schareck,[10] der hier den Grundstein für sein Rektoramt gelegt hat, Herr Wree[11] und jetzt Frau Vollmar.[12] Alle sorgten und sorgen, jeder auf seine Weise, mit solider Arbeit dafür, dass das Konzil seine in der Wendezeit erworbene Position – insbesondere seine Unabhängigkeit – bewahrt hat. Es steht heute – wie in den Anfangsjahren – in hohem Ansehen.

Ich gratuliere zu diesem Jubiläum und wünsche Glück und Erfolg für die nächsten 25 Jahre.

---

[10] Wolfgang Schareck: (*1953), 1994–1999 Privatdozent für Chirurgie, 1999–2002 apl. Professor für Chirurgie, seit 2002 Professor für Gefäß– und Transplantationschirurgie, seit 2009 Rektor der Universität Rostock, Catalogus Professorum Rostochiensium, URL: http://purl.uni–rostock.de/cpr/00001284 (14.12.2016). Siehe auch seinen Beitrag in diesem Band, S. 43–50.

[11] Andreas Wree: (*1952): seit 1992 Professor für Anatomie, 2010–2014 Präsident des Konzils, Catalogus Professorum Rostochiensium, URL: http://purl.uni–rostock.de/cpr/00001723 (10.12.2016). Siehe auch seinen Beitrag in diesem Band, S. 51–56.

[12] Brigitte Vollmar: (*1961), seit 2002 Professorin für Experimentelle Chirurgie, seit 2014 Präsidentin des Konzils, Catalogus Professorum Rostochiensium, URL: http://purl.uni–rostock.de/cpr/00000660 (14.12.2016). Siehe auch ihren Beitrag in diesem Band, S. 7–12.

Juliane Schwarz-Ladach

Vita Juliane Schwarz-Ladach

Juliane Schwarz-Ladach wurde am 26.11.1988 als Juliane Schwarz in Ahlen (Westfalen) geboren. Kurz nach der Einschulung in ihrem Wohnort Vorhelm erfolgte der Umzug von Nordrhein-Westfalen nach Mecklenburg-Vorpommern. Dort besuchte sie erst die Grundschule in Ribnitz-Damgarten und anschließend das Christophorus-Gymnasium in Rostock. Nach dem Abitur 2007 begann Juliane Schwarz-Ladach eine Ausbildung zur Maßschneiderin. Nach dem Abschluss der Ausbildung absolvierte sie ein Praktikum in der Schneiderei des Volkstheaters Rostock, ehe sie sich neu orientierte und im Herbst 2011 das Studium an der Universität Rostock im Studiengang „Good Governance" aufnahm.

Neben dem Studium engagierte Juliane Schwarz-Ladach sich aktiv in der Grünen Hochschulgruppe und setzte sich unter anderem im „Team Refugees" für die Bildungsrechte Geflüchteter ein. Ab August 2013 arbeitete sie als studentische Hilfskraft am Lehrstuhl für Strafrecht bei Prof. Dr. Bernhard Hardtung. 2014 wurde Juliane Schwarz-Ladach zum ersten Mal als studentische Vertreterin ins Konzil gewählt, im Oktober 2015 wurde sie dann Vizepräsidentin des Konzils. Kurz zuvor beendete sie erfolgreich ihr Bachelorstudium und begann ihr Masterstudium an der juristischen Fakultät. Weiterhin wurde Juliane Schwarz-Ladach als AStA-Referentin für Internationales in die Studierendenvertretung gewählt. Ende September 2016 beendete Juliane Schwarz-Ladach ihr Masterstudium erfolgreich und schied somit auch aus ihren hochschulpolitischen Ämtern aus. Sie arbeitet seit Oktober 2016 als wissenschaftliche Mitarbeiterin am Lehrstuhl für Strafrecht der juristischen Fakultät ihrer Alma Mater.

Akademische Selbstverwaltung

2014-2016   Mitglied des Konzils
2015–2016   Vizepräsidentin des Konzils
2015-2016   AStA-Referentin für Internationales

Juliane Schwarz-Ladach, Dezember 2016.

Schlusswort

Juliane Schwarz-Ladach

Sehr geehrte Anwesende!

Mein Name ist Juliane Schwarz-Ladach und ich bin Masterstudentin an der juristischen Fakultät im Studiengang *Rechtsgestaltung Good Governance*. Ich bin nunmehr das zweite Jahr im Konzil und wurde vor kurzem zur studentischen Vizepräsidentin des Konzils gewählt.

Nach all den Eindrücken, die wir nun schon aus den 25 Jahren des Konzils erfahren durften, möchte ich Ihnen zum Abschluss noch die studentische Perspektive nahebringen. Wir können nicht mit einem vergleichbaren Erfahrungsschatz insbesondere im Sinne der Dauer der Mitgliedschaft im Konzil aufwarten und so wird sich mein Redebeitrag notgedrungen eher auf die letzten Jahre beziehen.

Für uns Studierende ist dieses Gremium einzigartig, denn in keinem anderen Gremium kommen alle Statusgruppen so zahlreich und in paritätischer Besetzung zusammen. Dies bietet uns als Studierenden eine große Chance zur Mitwirkung und Mitgestaltung, die wir immer wieder durch das Einbringen von Anträgen nutzen. Auch wenn wir wissen, dass die im Konzil gefassten Beschlüsse über diese inhaltlichen Anträge zumeist keine Bindungskraft entfalten, so tragen sie doch zum statusgruppenübergreifenden Dialog bei. Darüber hinaus genießt das Konzil als höchstes beschlussfassendes Gremium der Universität Rostock ein hohes Ansehen und daher können wir auch im Rahmen dieser Beschlüsse die universitären Entscheidungen beeinflussen und den entscheidenden Personen ein gewichtiges Argument mit an die Hand geben. So bin ich überzeugt, dass wir, wie von Frau Prof. Dr. Vollmar[1] in der Begrüßung schon angesprochen, auch die Vielfalt und Internationalisierung der Universität beispielsweise durch die Vergabe von Stipendien an Geflüchtete oder durch die Einrichtung von Onlinekursen vorantreiben können. Denn Bildung ist ein starker Integrationsfaktor und die Universität kann hier zur Chancengeberin werden.

Wir sehen mit Freude, dass das Konzil nicht mehr nur für Wahlentscheidungen aktiv wird, sondern sich vielmehr zu einem diskursiven Gremium wandelt. So konnten wir Vertreterinnen und Vertreter aus der Studierendenschaft im

---

[1] Siehe oben, S. 7–12.

letzten Konzilsjahr in fast jeder Sitzung einen inhaltlichen Antrag zur Abstimmung stellen. Dies wird vielleicht auch das eine oder andere Konzilsmitglied verärgert haben, denn eine inhaltliche Auseinandersetzung mit Anträgen geht nun einmal auch zumeist mit einem gewissen Zeitaufwand einher. Die teils lebhaften Diskussionen zeigen aber, wie wichtig der argumentative Austausch zwischen den Generationen und zwischen den Statusgruppen ist. Dabei kommen mir insbesondere die Anträge zur Privatisierung universitärer Räume und zum Verhalten bei einem Aufzug eines lokalen PEGIDA-Ablegers[2] in die Erinnerung. Verschiedenste Einstellungen kamen da zusammen. Und was mich besonders erfreute, war die Vielfalt der Argumente. Das mag in dem Augenblick vielleicht auch etwas müßig erscheinen, doch nur so gelangen wir zu neuen Erkenntnissen und profitieren von dem Wissen der anderen. Schon die hohe Anzahl der Konzilsmitglieder prädestiniert das Konzil für einen solchen Austausch. Dies möchten wir auch in Zukunft fortsetzen.

Weiterhin positiv hervorheben möchte ich an dieser Stelle auch die paritätische Besetzung des Konzilspräsidiums – auch eine Errungenschaft der letzten Jahre –, die zu einer Einbindung aller Statusgruppen führt; und natürlich auch die erfreulich hohe Anzahl an Frauen im Präsidium – eine solch gute Quote kann wohl kein anderes Gremium vorweisen.

Bei all den positiven Entwicklungen möchte ich aber auch noch an den Aufschrei erinnern, der durch das Konzil ging, als die Abschaffung dieses Gremiums diskutiert wurde. Damals haben die Konzilsmitglieder beteuert, das Konzil mit Inhalt zu füllen und so einen Mehrwert durch dieses Gremium zu schaffen.

Daher möchte ich Ihnen an dieser Stelle noch einen Aufruf mit auf den Weg geben:

Lassen Sie uns im Konzil weiterhin inhaltlich arbeiten und in den Diskurs treten! Lassen Sie uns dafür durch alle Statusgruppen Themen in das Konzil tragen und besprechen!

Dieses Gremium hat eine spannende Vergangenheit und es liegt an uns seine Zukunft zu gestalten.

Lassen Sie uns dafür sorgen, dass niemand mehr auf die Idee kommen könnte, dass das Konzil entbehrlich sei!

Ich danke Ihnen für die Aufmerksamkeit und wünsche noch einen schönen Tag!

---

[2] Pegida (Patriotische Europäer gegen die Islamisierung des Abendlandes), seit Dezember 2014 als „PEGIDA" in Dresden als Verein eingetragen, veranstaltet seit 2014 Demonstrationen. https://de.wikipedia.org/wiki/Pegida (14.12.2016).

Die Universität Rostock im Umbruch 1989-1994

Daniel Lehmann und Kersten Krüger[1]

Der gesellschaftliche Umbruch in der DDR im Herbst des Jahres 1989 setzte auch an den Universitäten im Norden des Landes Kräfte zur demokratischen Erneuerung der Strukturen des Landes sowie der Universitäten frei. Die gesellschaftlichen Umwälzungen gingen aber kaum von den Universitäten aus, sondern brachen viel eher von außen über diese herein.[2] Die ersten Demonstrationen, Kundgebungen und Friedensandachten Ende Oktober lösten in vielen Bereichen der Universität Diskussionen über eine Umgestaltung der Leitungsstruktur, der ideologischen Grundlage der Lehre und des strukturellen Aufbaus der Universität aus.

Für die damit in Gang gesetzte, durchaus revolutionäre Umgestaltung der sozialistischen Wilhelm-Pieck-Universität Rostock in die Universität der Freiheit von Forschung und Lehre stellen sich folgende Fragen: Welche Personen und Institutionen trugen den Prozess der Hochschulerneuerung? Überwogen inneruniversitäre Kräfte oder außeruniversitäre Faktoren in dieser Dramatik? Welche Hoffnungen wurden erfüllt, welche enttäuscht? Unsere vorliegende Studie versucht auf der Grundlage der zur Verfügung stehenden Quellen aus der Universität und ihrem Umfeld Antworten zu finden und insbesondere die Diskussionen um die demokratische Erneuerung der Strukturen und der personellen Ausstattung der Universität zu verfolgen. Ergänzend werden die sich wandelnden hochschulrechtlichen Grundlagen des Bundes und des Landes herangezogen. Dabei bevorzugen wir im Wesentlichen eine chronologische Darstellung.

Forschungen zu dieser Thematik sind nicht üppig. Für die Ebene der neuen Bundesländer sind die von Renate Mayntz und Gertraude Buck-Bechler

---

[1] Dieser Aufsatz ist die Kurzfassung der Arbeit von Daniel LEHMANN, Zwischen Umbruch und Erneuerung. Die Universität Rostock von 1989 bis 1994 (Rostocker Studien zur Universitätsgeschichte Bd. 26) (künftig zitiert LEHMANN, Umbruch) Rostock 2013. Die Kurzfassung wurde von Kersten Krüger erstellt und ergänzt.

[2] Günther WILDENHAIN, Analyse zur Hochschulpolitik in Mecklenburg-Vorpommern vor dem Hintergrund der Ausgangslage in den drei Nordbezirken der DDR. Forschungsstudie, in: Landtag Mecklenburg-Vorpommern: Leben in der DDR, Leben nach 1989 – Aufarbeitung und Versöhnung. Zur Arbeit der Enquete-Kommission. Bd. 8, Schwerin 1997, S. 255.

(u. a.) herausgegebenen Sammelbände zu nennen.³ Auf das Land Mecklenburg-Vorpommern beziehen sich die Beiträge der Enquete-Kommission des Landtages sowie die zeitlich weiter führende Studie von Emanuel Dethloff.⁴ Für die Universität Rostock gab Gerhard Maeß einen Abschlussbericht über die Ehrenkommission heraus.⁵ Wichtige, persönlich gefärbte Informationen sind den Autobiografien von Horst Pätzold und Rüdiger Kiesow zu entnehmen.⁶ Maßgebliche Akteure der Hochschulerneuerung in Rostock haben sich in Zeitzeugengesprächen geäußert.⁷ Rückblicke auf die Jahre von 1989 bis 1992 wurden 2015 auf einer Tagung der Rosa-Luxemburg-Stiftung präsentiert.⁸ Speziell mit dem Umbruch von 1989 bis 1994 befasst sich Daniel Lehmann.⁹ Als gedruckte Quellen dienten zum einen die von Bernhard Schmidtbauer besorgten Quellenbände,¹⁰ zum anderen die universitätsinternen Zeitschriften „Die Neue Zeit" und

---

³ Renate MAYNTZ (Hrsg.), Aufbruch und Reform von oben. Ostdeutsche Universitäten im Transformationsprozess (= Schriften aus dem Max-Planck-Institut für Gesellschaftsforschung Köln, Bd. 19). Frankfurt am Main 1994 (künftig zitiert: MAYNTZ, Aufbruch). – Gertraude BUCK-BECHLER/Hans Dieter SCHÄFER/Carl-Helmut WAGEMANN (Hrsg.), Hochschulen in den neuen Ländern der Bundesrepublik Deutschland. Ein Handbuch zur Hochschulerneuerung. Weinheim 1997.

⁴ Landtag Mecklenburg-Vorpommern, Leben in der DDR, Leben nach 1989 – Aufarbeitung und Versöhnung. Zur Arbeit der Enquete-Kommission. Bd. 8. Schwerin 1997 (künftig zitiert: Landtag, Leben in der DDR). – Manuel DETHLOFF, Kontinuität und Wandel in der Hochschulpolitik des Landes Mecklenburg-Vorpommern von 1990 bis 2006. Norderstedt 2006.

⁵ Gerhard MAESS (Hrsg.), Die Ehrenkommissionen der Universität Rostock. Rostock 1995 (künftig zitiert: MAESS, Ehrenkommissionen).

⁶ Horst PÄTZOLD, Nischen im Gras. Ein Leben in zwei Diktaturen (= Beiträge zur deutschen und europäischen Geschichte). 2. Auflage Hamburg 1997. – Ernst-Rüdiger KIESOW, Theologen in der sozialistischen Universität (künftig zitiert: KIESOW, Theologen). Rostock 2000.

⁷ Kersten KRÜGER (Hrsg.), Die Universität Rostock zwischen Sozialismus und Hochschulerneuerung. Zeitzeugen berichten (Rostocker Studien zur Universitätsgeschichte Bde. 1–3). Rostock 2007-2009 (künftig zitiert: KRÜGER, Zeitzeugen). – Kersten KRÜGER (Hrsg.), Universitätsgeschichte und Zeitzeugen. Die Verwaltung der Universität Rostock und Nachträge (Rostocker Studien zur Universitätsgeschichte Bd. 15). Rostock 2011 (künftig zitiert: KRÜGER, Verwaltung).

⁸ Michael HERMS/Wolfgang METHLING/Werner PADE (Hrsg.), Die Politische Wende an der Universität Rostock 1989 bis 1992. Abbrüche – Umbrüche – Aufbrüche. Kolloquium zur Universitätsgeschichte Rostock 1. April 2015 (künftig zitiert: Die Politische Wende). [Rostock] 2015.

⁹ LEHMANN, Umbruch.

¹⁰ Bernhard SCHMIDTBAUER, Tage, die die Bürger bewegten. Dokumente des Rostocker Umbruchs. 2 Bde. (künftig zitiert SCHMIDTBAUER, Dokumente) Rostock 1991.

die „Rostocker Universitäts-Zeitung".[11] Ungedruckte Quellen befinden sich zum Teil im Universitätsarchiv,[12] zu einem wesentlichen Teil jedoch noch in der Registratur des Rektorats. Das sind vor allem die Protokolle des Außerordentlichen, durch freie Wahl konstituierten und legitimierten Konzils,[13] das von 1990 an die wichtigsten Reformschritte diskutierte, beschloss und durchsetzte – von der Wahl des Rektors und der Prorektoren bis zu organisatorischen und inhaltlichen Reformen.

Für den Aufbau der Untersuchung bietet sich, den Ausführungen von Gerhard Maeß[14] folgend, eine Abfolge in drei Schritten an.[15] Die Universitätsleitung versuchte zunächst die vielen „[u]nter dem Druck der Ereignisse auf der Straße und der an Zahl ständig zunehmenden unzensierten kritischen Äußerungen in den Medien und in den Versammlungen von Universitätsmitgliedern"[16] entstandenen Diskussionen zu kanalisieren, zu lenken und anzuleiten. Mehrere Zugeständnisse von Seiten der Universitätsleitung sind als Versuch der „Machterhaltung durch Reform von oben"[17] zu verstehen. Die Diskussionen mochten zwar kritisch sein, sollten aber ausschließlich im Rahmen sozialistischer, grund-

---

[11] DNU Die Neue Universität Organ der SED-Parteileitung der Universität Rostock, erschienen 1960-1989. – RUZ Rostocker Universitätszeitung, hrsg. v. Rektor der Universität von 1990 bis 2005. Zur RUZ siehe auch: Steffen EGGEBRECHT, Wandel der Rostocker Universitätszeitung von 1990 bis 2006, in: KRÜGER, Verwaltung, S. 131-143.

[12] Universitätsarchiv Rostock (künftig zitiert: UAR).

[13] Universität Rostock – Rektorat (künftig zitiert: URR). Für die Genehmigung der Einsichtnahme sei auch an dieser Stelle gedankt. Dem Vorgängerkonzil, auch Konferenz der Hochschule genannt, gehörten nach der Dritten Hochschulreform seit 1968 die „Delegierten (Wissenschaftler, Studenten, Arbeiter und Angestellte) aus den sozialistischen Arbeitskollektiven und den einzelnen Strukturbereichen der Hochschule" an. Das Konzil trat einmal im Jahr zusammen, nahm den Rechenschaftsbericht des Rektors entgegen und sollte über Erziehung, Ausbildung, Weiterbildung und Forschung beraten. UAR 1.04.0, 43: Material über die Leitung der Hochschulen und der Sektionen (VD II-1-5/68). S. 71.

[14] Gerhard Maeß, Professor für numerische Mathematik, Rektor 1990–1998: Catalogus Professorum Rostochiensium (künftig zitiert: CPR): URL: http://purl.uni-rostock.de/cpr/00000772 (14.04.2016)

[15] Gerhard MAESS, Die Universität Rostock auf dem Weg in die Bundesrepublik Deutschland, in: Renate MAYNTZ (Hrsg.), Aufbruch und Reform von oben. Ostdeutsche Universitäten im Transformationsprozess. Frankfurt am Main 1994, S. 137–164 (künftig zitiert MAESS, Universität Rostock).

[16] Ebenda, S. 138.

[17] Ebenda.

sätzlich systemtreuer Argumentation stattfinden. Zu Beginn des Jahres 1990 verloren diese Versuche – parallel zur gesellschaftlichen Orientierung auf die Vereinigung mit der Bundesrepublik – an Bedeutung. Die Einparteiendiktatur der SED zerbrach. Die Angehörigen der Universität begannen sich autonom zu organisieren.

Im zweiten Schritt befassen wir uns mit den „Sternstunden der Rostocker Universitätsgeschichte",[18] als die basisdemokratische Selbstorganisation der Universitätsangehörigen zur Wahl des Außerordentlichen Konzils führte, das maßgeblich die autonome „Erneuerung durch Reform von unten"[19] trug. Dabei stehen die Diskussionen um eine neue Universitätsverfassung und die Organisation der Interessenvertretungen der Statusgruppen im Vordergrund. Ende Mai 1990 konnte sich das Außerordentliche Konzil konstituieren und in den folgenden Sitzungen sowohl Rektor und Senat neu wählen, als auch durch die Wiedereinführung der Fakultäten und die Verabschiedung einer vorläufigen Universitätsverfassung selbst rechtsetzend wirken. Die vorläufige Hochschulordnung,[20] welche sich eng an das Hochschulrahmengesetz[21] der Bundesrepublik anlehnte, spielte dabei eine eher untergeordnete Rolle für das neue Autonomieverständnis an der Universität Rostock.

Mit der Vereinigung Deutschlands am 3. Oktober 1990 kam die Universität in die Zuständigkeit des Landes Mecklenburg-Vorpommern und seines Kultusministeriums. Dieses hatte bis zum Ende des Jahres Zeit zu entscheiden, welche Einrichtungen des öffentlichen Dienstes abzuwickeln, das heißt aufzulösen seien und welche sie übernehmen würde. In der Folge wurden Fragen der personellen und strukturellen Erneuerung immer mehr vom Kultusministerium entschieden. Die Verabschiedung des Hochschulerneuerungsgesetzes[22] Anfang des Jahres 1991 legte die Entscheidungsbefugnis der Landesregierung in Bezug auf die Landesuniversitäten rechtlich fest. Damit vollzogen sich fortan aus der Sicht der Universitätsangehörigen die weiteren Reformen „von außen." Den

---

[18] Günther Wildenhain, Zeitzeugenbericht von Prof. Dr. Wildenhain am 19. Januar 2007, in: KRÜGER, Zeitzeugen. Bd.1, S. 80.

[19] MAESS, Universität Rostock, S. 141.

[20] Verordnung über die Hochschulen (Vorläufige Hochschulordnung) vom 18. September 1990, in: Gesetzblatt der DDR 1990, Teil I, Nr. 63.

[21] HIS Hochschul-Informations-System (Hrsg.) Hochschulrahmengesetz in der Fassung vom 15. Dezember 1990. Hannover 1991, S. 1–54.

[22] Gesetz zur Erneuerung der Hochschulen des Landes Mecklenburg-Vorpommern – Hochschulerneuerungsgesetz (HEG) vom 19. Februar 1991, in: Gesetz- und Verordnungsblatt für Mecklenburg-Vorpommern (GVOBl. M-V) 1991 Nr. 5.

Diskussionen innerhalb der Universität darüber und der dabei beklagten mangelhaften Kommunikation zwischen Ministerium und Universität ist der dritte Teil unserer Betrachtung gewidmet.

Das Ende der „Sturm- und Drangzeit" [23] und des universitätsreformatorischen Wirkens des außerordentlichen Konzils steht am Schluss unserer Untersuchung. In Erwartung der Verabschiedung des Landeshochschulgesetzes von 1994 beendete das Außerordentliche Konzil am Ende des Jahres 1993 seine Arbeit und trat „aus seiner Außerordentlichkeit heraus, endlich in die Ordentlichkeit und Normalität."[24] Das Landeshochschulgesetz vom Februar 1994[25] brachte endgültige Regelungen über die universitäre Autonomie und die Rolle der universitätsinternen Institutionen im Verhältnis zu Einrichtungen des Landes. Ein Ausblick über die Arbeit der Ehrenkommission und den stark reduzierten Stellenplan der Universität bis zum Juni 1995 beschließt die Arbeit.

Die Universität Rostock bis 1989/1990

In Anlehnung an die gesamte Gesellschafts- und Staatsstruktur des demokratischen Zentralismus wurde an den Hochschulen der DDR – wie in Betrieben und anderen Institutionen – das Prinzip der Einzelleitung verfolgt. Das bedeutete, dass die letztlich entscheidende Instanz bei allen Fragen beim jeweiligen Leiter lag, der – zwar von Beratungsorganen begleitet – Beschlüsse immer in Eigenverantwortung traf. Diese Funktion nahm an Hochschulen und Universitäten der Rektor wahr. Er war dem Ministerium für das Hoch- und Fachschulwesen verantwortlich. Formell gewählt wurde der Rektor seit der Dritten Hochschulreform vom Wissenschaftlichen Rat der Universität auf drei Jahre. Die Wahl hatte das Ministerium zu bestätigen. Eine echte Wahl fand aber nicht statt, denn das Ministerium und die Kaderabteilung des Zentralkomitees der SED schlugen den Kandidaten vor. Da die Mitglieder der SED im Wissenschaftlichen Rat – wie in allen anderen Institutionen an der Hochschule – die größte Gruppe bildeten, war dem Kandidaten die Mehrheit sicher. Durch Wiederwahl blieben die Rektoren

---

[23] Walter Wild, Letzte Tagung des Außerordentlichen Konzils. Erfolgreiche Bilanz nach 3-jähriger Arbeit. Anhang zum Ergebnisprotokoll der 12. Beratung des Außerordentlichen Konzils am 19.11.1993. URR Beratungen des außerordentlichen Konzils III, S. 6.

[24] Ebenda, S. 7.

[25] Gesetz über die Hochschulen des Landes Mecklenburg-Vorpommern (Landeshochschulgesetz – LHG) vom 9. Februar 1994. In: Gesetz- und Verordnungsblatt für Mecklenburg-Vorpommern (GVOBl. M-V) 1994 Nr. 6.

meistens über einen längeren Zeitraum im Amt. Häufiger Wechsel im Amt des Rektors wäre dem Prinzip der Einzelleitung abträglich gewesen.[26]

Dem Rektor standen mehrere Stellvertreter, Prorektoren – an der Wilhelm-Pieck-Universität Rostock waren es zwei – unterstützend zur Seite. Hochschulorganisatorische Bereiche wie Ausbildung und Erziehung, Weiterbildung, Forschung und Personal (Kaderfragen) verwalteten Direktorate, die ebenfalls dem Rektor unterstanden. An den Spitzen der einzelnen Struktureinheiten (Sektionen) standen die Direktoren der Sektionen, welche in ihren eigenen Abteilungen die Leiterfunktion im Sinne der Einzelleitung ausübten, dem Rektor gegenüber jedoch weisungsgebunden waren.[27]

Beratend wirkten drei Gremien: die Universitätsversammlung der Studenten und wissenschaftlichen Mitarbeiter, der Gesellschaftliche Rat, der die Verbindung der Hochschule mit ihren außeruniversitären Partnern herstellte, und der Wissenschaftliche Rat (WR). Am wichtigsten war hierbei der Wissenschaftliche Rat, der „den Rektor in Fragen der wissenschaftlichen Entwicklung der Universität [...] und bei der Lösung der inhaltlichen Hauptaufgaben in Erziehung und Ausbildung, Weiterbildung und Forschung" beriet.[28] Seine Aufgaben umfassten die Verleihung akademischer Grade und der Lehrbefähigungen, die Beratung von personellen und organisatorischen Fragen, sowie im Rhythmus von drei Jahren die (Wieder-) Wahl des Rektors. Ohne auf bestimmte Anteile festgelegt zu sein, gehörten dem WR Vertreter der Hochschullehrer und wissenschaftlichen Mitarbeiter der Sektionen an, dazu delegierte Studenten und Vertreter der Hochschulleitungen von SED, FDJ und FDGB. Studenten wurden von der Versammlung der Delegierten der FDJ-Hochschulorganisation bestimmt, also nicht direkt von der gesamten Studierendenschaft gewählt. FDGB- und SED-Hochschulgruppen delegierten ebenfalls ihre Vertreter im WR; das waren immer die Vorsitzenden oder Ersten Sekretäre.[29]

---

[26] FRIEDRICH-EBERT-STIFTUNG (Hrsg.), Universitäten, Hoch- und Fachschulen in der Deutschen Demokratischen Republik (künftig zitiert FRIEDRICH-EBERT-STIFTUNG, Universitäten). Bonn 1980, S. 43.

[27] Ebenda, S. 44.

[28] Anordnung über die Stellung, Aufgaben und Arbeitsweise der Wissenschaftlichen Räte der Universitäten und Hochschulen vom 15. März 1970, §1 Abs. 1, in: MINISTERIUM FÜR HOCH- UND FACHSCHULWESEN (Hrsg.), Hoch- und Fachschulwesen. Grundbestimmungen. Berlin 1987, S. 75.

[29] FRIEDRICH-EBERT-STIFTUNG, Universitäten, S. 45. Die 40 Mitglieder des Wissenschaftlichen Rates der Universität Rostock im Jahr 1968 sind aufgeführt in: Geschichte der Universität Rostock 1419–1969. Festschrift zur Fünfhundertfünfzig-Jahr-Feier der Universität. Hrsg.

Die Parteileitung der SED an der Universität (Universitätsparteileitung UPL), nach Gerhard Maeß „die Schattenregierung der SED, ohne die zu DDR-Zeiten keine wichtige Entscheidung gefällt werden konnte",[30] genoss dabei eine Sonderstellung. Durch ihre kontinuierlich bestehenden Organe: Sekretariat, Parteileitung, Grundorganisationen, Parteiaktiv und Delegiertenkonferenz, die aufgrund des Fehlens eigenständiger Statuten der Universitätsparteiorganisation den jeweils aktuellen Bedürfnissen personell und strukturell angepasst werden konnten, sicherte sich die SED seit der Dritten Hochschulreform verstärkt ihren Einfluss und konnte so durch das Prinzip der Einzelleitung alle von ihr gewünschten Beschlüsse durchsetzen. Ursprünglich bestand eine Trennung der Grundorganisationen für Studierende und Hochschullehrer. Diese wurden zugunsten gemeinsamer Grundorganisationen der Fakultäten und der geschaffenen Sektionen im Rahmen der Dritten Hochschulreform abgeschafft.[31]

Die Dritte Hochschulreform[32] wurde im Wesentlichen in den Jahren 1968 bis 1971 durchgesetzt, beruhend auf den hochschulpolitischen Grundsätzen, beschlossen auf der 9. Tagung des Zentralkomitees der SED,[33] sowie auf der Ausarbeitung der Pläne der Perspektivkommission.[34] Damit sollten die Hochschulen in der Weise in das gesamtgesellschaftliche System des Sozialismus eingefügt werden, dass sie in der Lehre – unter dem Dach des Marxismus-Leninismus – enggeführte standardisierte Berufsausbildung zu vermitteln und in der Forschung den Bedürfnissen der Betriebe in Produktion und Dienstleistung zu dienen hatten. Strikt zentralistische Organisation in Sektionen, die an die Stelle von Fakultäten und Instituten traten, hatte das zu gewährleisten. Fortbestehenden Fakultäten blieben Promotionen und Habilitationen als Aufgaben. Zugleich ging

---

unter d. Leitung von Günter HEIDORN. Teil: 2: Die Universität von 1945–1969 (künftig zitiert: HEIDORN, Geschichte). Rostock 1969, S. 232–234.

[30] MAESS, Universität Rostock, S. 139.

[31] Wolfgang SCHLUCHTER, Neubeginn durch Anpassung? Studien zum Ostdeutschen Übergang. Frankfurt am Main 1996, S. 69 f.

[32] Positive Wertung aus marxistischer Sicht: HEIDORN, Geschichte, S. 213–237. – Günter HEIDORN, Die III. Hochschulreform – Versuch einer Verbesserung der Leitung und Planung im Hochschulwesen der DDR, in: KRÜGER, Zeitzeugen, Bd. 1, S. 40–43.

[33] Walter ULBRICHT, Die weitere Gestaltung des gesellschaftlichen Systems des Sozialismus. Beschlüsse. 9. Tagung des Zentralkomitees der SED 22.-25.10.1968. Berlin 1968.

[34] Walter ULBRICHT, Die Bedeutung des Perspektivplanes 1971/75 für die Gestaltung des gesellschaftlichen Systems des Sozialismus in der DDR. Rede auf der Sitzung der Perspektivplankommission des Politbüros des ZK der SED und des Ministerrates der DDR am 26.09.1968. Berlin 1968.

es mit der Personalausstattung aufwärts. Die Zahl der wissenschaftlichen Angestellten und anderer Mitarbeiter hatte sich bei rückläufigen Studierendenzahlen seit 1960 bis 1980 verdreifacht. Das sollte sich bei der Hochschulerneuerung nach 1990 als erhebliches Problem erweisen.

Einen wenig sichtbaren, aber überall spürbaren Machtfaktor an der Wilhelm-Pieck-Universität Rostock stellte die Staatssicherheit dar. Noch 2003 gerechtfertigt als „legitim und notwendig" zum Schutz des „Sozialismus auf deutschem Boden",[35] diente das Ministerium für Staatssicherheit (MfS) der Überwachung und Disziplinierung der Angehörigen der Universität. Die Staatssicherheit hatte besondere Kompetenzen inne, wie die operative Exmatrikulation von Studenten und die politisch-ideologisch motivierte Abberufung von Hochschullehrern. Ein eng gefasstes Netz von Inoffiziellen Mitarbeitern beschaffte konspirativ Informationen. In der Bezirksverwaltung Rostock verfügte die Abteilung XX – zuständig unter anderem für Bildung, Jugend, Kirche, politische Diversion und Untergrundtätigkeit – über zehn Referate und 76 hauptamtliche Mitarbeiter.[36] Die Zahl der Inoffiziellen Mitarbeiter an der Universität Rostock war viel höher. Einer Erklärung des Mitglieds des Unabhängigen Untersuchungsausschusses, Prof. Pelz,[37] vor dem außerordentlichen Konzil der Universität folgend, verfügte das MfS an der Universität Rostock noch im Juli des Jahres 1989 über 232 inoffizielle Mitarbeiter und 21 konspirative Wohnungen. Unter diesen Personen befanden sich zwei Prorektoren, acht Sektionsdirektoren, 12 Hochschullehrer, 12 Dozenten, drei Oberassistenten, ein wissenschaftlicher Bereichsleiter, 16 wissenschaftliche Mitarbeiter, 20 wissenschaftliche Assistenten, vier wissenschaftliche Sekretäre, ein Lehrer, ein Lektor und vier Aspiranten.[38] Auch der Bereich

---

[35] Reinhard GRIMMER/Werner IRMLER/Willi OPITZ, Die Sicherheit. Zur Abwehrarbeit des MfS. Bd. 1. Berlin 2003, Klappentext.

[36] Karl WOCKENFUSS, Die Universität Rostock im Visier der Stasi. Einblicke in Akten und Schicksale. Rostock 2003, S. 16.

[37] Prof. Dr. Lothar Pelz: CPR, URL: http://purl.uni-rostock.de/cpr/00001769 (25.04.2016).

[38] Auszug aus dem Bericht der Abteilung XIII vom 19.07.1989, in: Lothar Pelz, Erklärung vor dem außerordentlichen Konzil der Universität Rostock am 22. Mai 1990 anläßlich der Neuwahl von Rektor und Senat. Anhang zum Ergebnisprotokolls der Beratung des Außerordentlichen Konzils am 22.05.1990. URR Beratungen des außerordentlichen Konzils I.

der Medizin war mit Inoffiziellen Mitarbeitern versehen: „Zum Sicherungsbereich Mitarbeiter der medizinischen Forschung wird eine Agentur mit 12 IM operativ eingesetzt",[39] und sollte bis ins Jahr 1989 noch ausgebaut werden.[40]

Der gesellschaftliche Umbruch in Rostock 1989/1990 und der Versuch einer Reform „von oben" durch die Universitätsleitung

Erst in der zweiten Hälfte des Oktober 1989 war auch im Norden der DDR eine deutliche Reaktion auf die Initiativen zur demokratischen Erneuerung in den sächsischen Bezirken und Berlin zu spüren.[41] In Anlehnung an die Demonstrationen nach den Friedensgebeten in Leipzig, fanden am 19. Oktober 1989 in den Rostocker Kirchen St. Marien und St. Petri die ersten Fürbittandachten statt, organisiert von engagierten Christen.[42] In den Predigten wurden „das gemeinsame Gespräch, der Dialog mit Toleranz und Ehrlichkeit, Recht auf freie Meinungsbildung und echte Mitbestimmung, auf freie Wahlen und verbesserte Reisemöglichkeiten" gefordert.[43] Diese Forderungen zogen weite Kreise und gelangten auch in die Universität.

Auf die gesellschaftlichen und politischen Veränderungen Bezug nehmend, bezog auch die Universitätsleitung Position. Dies geschah erstmals in der

---

[39] Ebenda: Analyse vorliegender inoffizieller und offizieller Erkenntnisse der kommerziellen und Serviceleistungen des Bereiches Medizin der Wilhelm-Pick-Universität Rostock mit NSW-Firmen vom 09.03.1987.

[40] Ebenda: Berichterstattung Forschung/Bereich Medizin der WPU Rostock der Abteilung XX/1 vom 29.11.1988.

[41] Kai LANGER, „Ihr sollt wissen, daß der Norden nicht schläft ...". Zur Geschichte der „Wende" in den drei Nordbezirken der DDR. (Quellen und Studien aus den Landesarchiven Mecklenburg-Vorpommerns Bd. 3) Bremen [u.a.] 1999.

[42] Werner MÜLLER, Vorgeschichte und Geschichte der Wende, in: Landtag Mecklenburg-Vorpommern. Leben in der DDR, Leben nach 1989 – Aufarbeitung und Versöhnung. Zur Arbeit der Enquete-Kommission. Band 3: Anträge, Debatten, Berichte. Schwerin 1998, S. 119-125.

[43] SCHMIDTBAUER, Dokumente. Band 1, S. 30 f.

Beratung des Senats[44] am 25. Oktober 1989. Der Rektor, Prof. Plötner,[45] stützte sich hier auf eine Beratung mit den Prorektoren für Gesellschaftswissenschaften. Zunächst wurde ein Grußschreiben an den neuen, am 18. Oktober gewählten Staatsratsvorsitzenden Egon Krenz beschlossen. Doch wurde auch die verstärkte Fluchtbewegung erörtert. Als Reaktion veröffentlichte die Universitätsleitung einen offenen Brief an „Studenten, Arbeiter und Angestellte, wissenschaftliche Mitarbeiter und Hochschullehrer der Wilhelm-Pieck-Universität",[46] in dem über die Beratung im Senat informiert, das Bedauern über den Verlust von 22 Studenten und 48 Mitarbeitern betont sowie der Verlust für die Gesellschaft besonders hervorgehoben wurde. Dieser Brief erschien in der Universitätszeitung DNU und konnte so eine breite Leserschaft erreichen. Bemerkenswert waren darin Eingeständnisse, wie „Mängel und Mißstände, Widersprüche im Studium, in der medizinischen Betreuung und im Alltag auch an unserer Universität". Die Angehörigen der Universität wurden aufgerufen, „innerhalb der Wilhelm-Pieck-Universität alle Fragen offen zu diskutieren und so mögliche Veränderungen zu erwirken." Meinungen und Vorschläge zu Veränderungen an der Universität seien einzureichen, wobei die weitere Arbeits- und Forschungsfähigkeit der Universität jedoch nicht eingeschränkt werden sollte. Hierzu wurde ein Raum im Büro des Wissenschaftlichen Rates zur Verfügung gestellt, und die Senatoren waren gehalten sich über die eingegangenen Meldungen zu informieren.[47]

Die eingegangenen Schreiben stellen eine wertvolle Quelle für die Reaktion der Universitätsmitglieder und ihre Meinung zur Lage in der DDR im Allgemeinen und an der Universität im Besonderen dar. Die Argumentation verlief – trotz klarer Kritik an Praxis und Zuständen an der Universität – noch in staatstreuen Bahnen. Es wurde von „Sorge um die Entwicklung in der DDR",[48] um

---

[44] Nach der Dritten Hochschulreform war der Senat das Präsidium des Wissenschaftlichen Rates. Dem Senat gehörten an: Der Rektor, die Prorektoren, die Dekane der Fakultäten, ein Vertreter der Hochschulleitung der SED, ein Vertreter der Hochschulgewerkschaftsleitung, ein Vertreter der Hochschul-FDJ-Leitung, zwei wissenschaftliche Mitarbeiter und zwei Studenten. UAR 1.04.0, 43: Material über die Leitung der Hochschulen und der Sektionen (VD II-1-5/68), S. 73.

[45] Klaus Plötner, Professor für Landmaschinenkonstruktion, Rektor 1989-1990: CPR, URL: http://purl.uni-rostock.de/cpr/00001806 (26.04.2016).

[46] Klaus Plötner, Offener Brief an alle Studenten, Arbeiter und Angestellte, wissenschaftliche Mitarbeiter und Hochschullehrer der Wilhelm-Pieck-Universität. 25.10.1989. UAR, 1.04.0, 52.

[47] Ergebnisprotokoll der Beratung des Senats am 25.10.1989. UAR, 1.04.0, 52, ohne Blattzählung.

[48] A. Buhse, Antwort zum Aufruf des Rektors. Ebenda, Bl. 6.

Pflichtbewusstsein bei der gesellschaftlichen Umgestaltung des Staates[49] und von der großen Bedeutung der Wissenschaft bei der revolutionären Erneuerung des Sozialismus[50] gesprochen, um nur einige wenige Beispiele zu nennen. Aus der Studentenschaft war vor allem Kritik an dem obligatorischen Studium marxistisch-leninistischer-Grundkenntnisse geübt, die als überholt und als nicht für jeden Studiengang relevant bewertet wurden. Herausragend ist hierbei die Kritik, welche Dr. med. U. Hammer vortrug: er spürte „Mißtrauen und Wachsamkeit gegenüber denen, die vorher diskriminierten, jetzt eigentlich schon immer wollten und sich ganz zeitgemäß zu Sprechern eines Neuen Dialogs machen wollen."[51] Der Vorwurf der Heuchelei war hier klar ausgesprochen. Kritik am Namenspatron der Universität wurde hier neben der Forderung zum Abbau hauptamtlicher Parteifunktionäre, von Verwaltungspersonal und Bürokratie zum ersten Mal laut.

Die ersten Reaktionen auf die Diskussion lassen sich bereits an den Protokollen der darauffolgenden Senatsberatung vom 28. November 1989 ablesen.[52] Der Passus über vertiefte Kenntnisse im marxistisch-leninistischen Studium wurde aus der Promotionsordnung A gestrichen.[53] Es sollte keine Bewertung der vertieften ML-Kenntnisse für das Promotionsverfahren mit einem Prädikat mehr erfolgen. Wichtiger als dieses verhältnismäßig kleine Zugeständnis war die Stattgabe des Antrags der Sektion für Theologie auf die Bildung einer eigenen Fakultät. Mit der Dritten Hochschulreform 1969/1970 war ihr der Status einer Fakultät aberkannt worden. Als Sektion für Theologie weiterbestehend, war diese stark in das System der universitären Einzelleitung eingebunden. Der Sektionsdirektor war fortan an die Weisungen des Rektors gebunden. Auch Habilitationen oder B-Promotionen waren nicht mehr möglich, da der Titel Dr.sc.theol. „ein Widerspruch in sich, da die Theologie keine Wissenschaft [sei]."[54] Im Rahmen akademischer Lehrtätigkeit war zwar der Titel fünf Jahre

---

[49] W. Dummler, Antwort zum Aufruf des Rektors. Ebenda, Bl. 31.

[50] Lothar Elsner: Antwort zum Aufruf des Rektors. Ebenda, Bl. 35.

[51] U. Hammer, Antwort zum Aufruf des Rektors. Ebenda, Bl. 32 f.

[52] Ergebnisprotokoll der Beratung des Senats am 28.11.1989. UAR, 1.04.0, 52, ohne Blattzählung.

[53] Die Promotion A war die im Rahmen der Dritten Hochschulreform eingeführte Bezeichnung der Erlangung des Titels Dr. der Wissenschaft. Die Habilitation wurde als Promotion B bezeichnet. Die vertieften ML-Kenntnisse wurden in der Promotionsordnung A vom 12.07.1988 eingeführt.

[54] 575 Jahre Universität Rostock. Mögen viele Lehrmeinungen um die eine Wahrheit ringen. Rostock 1994, S. 96.

später wieder zugelassen, aber an der prekären Lage der Theologie an der sozialistischen Hochschule hatte sich wenig geändert. Durch die Rückerlangung des Status einer Fakultät konnte die Theologie nun wieder ihre traditionellen Kompetenzen wahrnehmen.[55] Außerdem beschloss der Senat die Rücknahme seiner Erklärung über den Einmarsch von Militäreinheiten des Warschauer Paktes in die ČSSR im Jahr 1968, dem damals Prof. Ernst Rüdiger Kiesow nicht zugestimmt hatte.[56] Der Bildung eines Rehabilitierungsausschusses galt ein weiterer Beschluss, der als Reaktion auf die Kritik an der Verbindung von Parteizugehörigkeit und Erlangung eines akademischen Grades zu sehen ist. Dort sollten Anträge auf Rehabilitierung, etwa bei Aberkennungen akademischer Grade aus politischen Gründe bearbeitet werden.

Als weiterer wichtiger Schritt zur demokratischen Erneuerung lässt sich der Rückzug der Universitätsparteileitung aus der universitären Politik nennen. Zwar konstituierte sich noch in der Nacht vom 24. zum 25. November eine neue UPL, dies aber schon in einem demokratischen Verfahren. In offener Diskussion wurden eine starke Reduzierung des Parteiapparates an der Universität, mehr Transparenz der Partei gegenüber der Gesellschaft und inhaltlich eine radikale Bildungsreform gefordert.[57] An den Senatssitzungen nahm ein Vertreter der UPL zuletzt am 25. Oktober 1989 teil, ein Vertreter der FDJ-Hochschulgruppe und der zweite Prorektor, der unter anderem für die innere Sicherheit zuständig war, am 28. November.[58]

Danach wandte sich die Universitätsleitung wieder in einem offenen Brief an eine breitere universitäre Öffentlichkeit.[59] In diesem wurde eine Zusammenfassung der Argumente aus der Sicht des Senats gegeben. Auch hier findet sich wieder der Anspruch eines freien inneruniversitären Austausches – mit der Einschränkung, dass die Diskussion im Rahmen des sozialistischen Staates geführt werde: „Die Vielfalt dieser Meinungsäußerungen läßt an unserer Universität das Ziel eines besseren, ehrlichen Sozialismus nicht aus dem Auge, der Platz für alle Menschen gibt, die in breiter Selbstbestimmung und -verwirklichung ihr Leben

---

[55] Ebenda, S. 98.

[56] Das hob in ihrem Bericht die Universitätszeitung besonders hervor. Große Vertrauensbasis für den Rektor, in: RUZ vom 09.01.1990, S. 1.

[57] Urte GROENKE, Für eine erneuerte Partei, in: RUZ vom 08.12.1989, S. 1-3.

[58] MAESS, Universität Rostock, S. 139.

[59] Klaus Plötner, Offener Brief an alle Studenten, Arbeiter und Angestellte, wissenschaftliche Mitarbeiter und Hochschullehrer der Wilhelm-Pieck-Universität vom 28. November1989. UAR 1.04.0, 52. Dieser wurde in der Senatssitzung vom 28. November beschlossen und, datiert auf den 4.Dezember 1989, an die Fakultäten versandt.

gestalten wollen." Neben eher vorsichtigen Formulierungen finden sich auch klare Aussagen zur „Trennung von Ideologie und Fachkompetenz", zur „Erhöhung der Entscheidungskompetenz des Hochschullehrers für die Leistungsprozesse der Universität", zur „Eliminierung von Parteileitungen aus wissenschaftlichen und staatlichen Leitungsgremien" sowie über die „Erfordernisse einer Entbürokratisierung der Leitungsprozesse." Die Fakultäten sollten darüber beraten und ihre Vorstellungen nach drei Kategorien ordnen; „Bewährtes", „kurzmittel- und langfristig Lösbares" und „Wünschenswertes, aber nur zentral Lösbares". Bis zum 15. Dezember sollten sie über die Beratungsergebnisse berichten.

Fünf Tage später, am 20. Dezember 1989, fand die reguläre Plenartagung des Wissenschaftlichen Rates statt, erweitert zu einer Konferenz aller ordentlichen Professoren, um – so der vorausgegangene Senatsbeschluss – „Entscheidungsvorschläge für Änderungen in den Leistungs- und Verwaltungsprozessen an unserer Universität demokratisch zu diskutieren."[60] Diese Plenartagung war die letzte große Veranstaltung der alten Hochschulleitung in beinahe unveränderter Machtposition und zugleich die wichtigste, da es dort zu der am freiesten geführten und ausführlichsten Diskussion über die weiteren Veränderungen an der Universität im Jahr 1989 kam. Den Ablauf dieser Sitzung hatte der Senat in seiner unmittelbar vorangegangenen Sitzung vorbereitet.[61] Im Rahmen des gesamten Wissenschaftlichen Rates erklärte der Rektor seinen Standpunkt und drückte für die eingegangenen Vorschläge seine Dankbarkeit aus. Auch die Initiativgruppe zur Hochschulreform um die Professoren Olbertz und Riße wurde hier vom Rektor erstmals anerkennend erwähnt.[62] Diese Gruppe von Hochschullehrern, Mitarbeitern und Studierenden war an der Sektion für Meliorationswissenschaften und Pflanzenproduktion entstanden und hatte den Rektor schriftlich am 27. November 1989 über das Vorhaben universitätsweiter Reformbestrebungen informiert. Der Vorschlag zur Formierung von Fakultäten hingegen wurde

---

[60] Ergebnisprotokoll der Beratung des Senats am 28.11.1989. UAR, 1.04.0, 52, ohne Blattzählung.
[61] Ebenda.
[62] Prof. Dr. Manfred Olbertz: CPR, URL: http://purl.uni-rostock.de/cpr/00003076 (03.05.2016); Prof. Dr. Joachim Riße: CPR, URL: http://purl.uni-rostock.de/cpr/00001800 (03.05.2016); siehe auch: Joachim RISSE, Meine Erinnerungen an die politische Wende an der Universität Rostock, in: Die Politische Wende, S. 49-57.

vom Rektor mit Zurückhaltung betrachtet „mit dem Hinweis, daß hier noch sorgfältig überlegt werden muss."[63]

Als erste strukturelle Neuerung wurde die Gründung der Institute für Philosophie, Soziologie und Sozialgeschichte, Politik und Zeitgeschichte bekanntgegeben, wobei ausdrücklich erwähnt wurde, dass es sich hierbei nicht nur um eine reine Namensänderung, sondern um einen grundsätzlichen Neuaufbau mit Neuprofilierung handeln solle. Am 8. Dezember 1989 hatte die Leitung der Sektion für Marxismus-Leninismus in Beratung mit ihren Mitarbeitern beschlossen dem Rektor vorzuschlagen, die Sektion bis zum 13. Dezember 1989 aufzulösen und die genannten Institute zu gründen. Ob der Rektor dem zustimmte, ist nicht bekannt; auch ein Beschluss des Senats fehlt. Doch wurde die Gründung der Institute in der Senatssitzung am 3. Januar 1990 bekanntgegeben 28. Februar 1990 bestätigt.[64]

Über die Bildung weiterer Kommissionen wurde der Wissenschaftliche Rat auf dieser Sitzung ebenfalls informiert. Es handelte sich um Kommissionen für die Behandlung des Namens „Wilhelm-Pieck-Universität" und zur Neukonzeption der Universitätsgeschichte. Anschließend kam es zur allgemeinen Erörterung der künftigen Leitungsstruktur der Hochschule, jedoch finden sich im Protokoll keine genaueren Angaben darüber. In der darauffolgenden Diskussion ging es speziell um die Legitimation des Rektors. Um die Arbeitsfähigkeit der Führungsebene zu gewährleisten wurde vorgeschlagen, Rektor und der Wissenschaftliche Rat sollten bis zur nächsten Wahl im Amt bleiben. Dagegen sprachen sich die Professoren Kiesow und Olbertz aus; ersterer schlug die Bestätigung des Rektors in geheimer Wahl vor, letzterer hingegen verlangte vom Rektor dem Wissenschaftlichen Rat die Vertrauensfrage zu stellen. Dabei wird er wörtlich zitiert: „Entweder treten die Führungskader, d. h. also die Kader in der 1. Leitungsebene und der 2. Leitungsebene zurück und erklären, daß sie bereit sind, die Geschäfte vorübergehend weiterzuführen, bis diese Universität eine demokratische Verfassung hat … oder wir erwarten zumindest, daß der Rektor und die Prorektoren die Vertrauensfrage stellen […wir sind …] bereit dem Rektor unser Vertrauen auszusprechen, aber für eine befristete Zeit."[65] Darauf erwiderte

---

[63] Ergebnisprotokoll der Plenartagung des wissenschaftlichen Rates vom 20.12.1989. UAR 1.04.0, 373, ohne Blattzählung.

[64] MAESS, Universität Rostock, S. 142.

[65] Manfred Olbertz, in: Ergebnisprotokoll der Plenartagung des Wissenschaftlichen Rates. UAR 1.04.0, 373, ohne Blattzählung.

Prof. Libbert,[66] der derzeitige Wissenschaftliche Rat könne als ein nichtdemokratisches Organ gar nicht das Vertrauen aussprechen. Diese Frage solle eher die nachfolgend stattfindende Vollversammlung der Hochschullehrer beantworten. Der Rektor sprach sich gegen diese Vorbehalte aus und entschloss sich, die Vertrauensfrage sofort zu stellen: „Ich akzeptiere alle Vorschläge, aber die Frage stelle ich heute und bitte heute um eine Antwort. Ich stehe letztendlich auch als ein Mensch hier"[67], was mit großem Beifall gewürdigt wurde. Unmittelbar nachfolgend stimmten die Mitglieder des Wissenschaftlichen Rates auf Antrag des Sitzungsleiters, Prof. Ulbricht,[68] zu, über die Vertrauensfrage des Rektors in geheimer Abstimmung zu entscheiden. Es waren 110 Angehörige des Wissenschaftlichen Rates anwesend. Mit 96 Ja-Stimmen zu nur 11 Nein-Stimmen wurde Prof. Plötner in seinem Amt bestätigt. Die freie Diskussion und die ebenso freie wie geheime Abstimmung stellten in der Tat einen ersten Aufbruch zur Demokratisierung der Wilhelm-Pieck-Universität Rostock dar.

Die Sitzung wurde anschließend für die zum Plenum erschienenen Professoren geöffnet. Im Tagesordnungspunkt „Aussprache zur weiteren Gestaltung der Arbeit der Universität" wurde das Ergebnis der Abstimmung bekanntgegeben und mit großem Beifall kommentiert. Die nachfolgenden Diskussionen lassen sich nach dem Ergebnisprotokoll in fünf Abschnitte einteilen.[69] 1. die Hochschulverfassung, 2. Kritik an den Vorschlägen des Rektors und an der Verfassung, 3. das Wesen von Fakultäten, Instituten und Sektionen, 4. Einzelprobleme und 5. Vorschläge zur Bildung von Kommissionen und Arbeitsgruppen.

Bei der Diskussion um eine zu schaffende demokratische Hochschulverfassung war es den Beteiligten wichtig, diese schnell und vorerst ohne Einschränkungen seitens des Ministeriums durchzuführen. Dies war eine Praxis, die bis zur Verabschiedung des Hochschulerneuerungsgesetzes des Landes Mecklenburg-Vorpommern weitergeführt werden sollte. Zu Fragen der Struktur äußerte sich die Initiativgruppe um Prof. Olbertz gegen eine überstürzte Umstrukturierung der Universität. Diese sollte in Abstimmung mit der Ausarbeitung der neuen Verfassung geschehen. Ziel hierbei war es, Kollegialorganen, wie Senat

---

[66] Prof. Dr. Eike Libbert: CPR, URL: http://purl.uni-rostock.de/cpr/00002206 (03.05.2016).

[67] Klaus Plötner, in: Ergebnisprotokoll der Plenartagung des Wissenschaftlichen Rates. UAR 1.04.0, 373 ohne Blattzählung. Dort auch die Abstimmungszettel.

[68] Prof. Dr. Heinz Ulbricht: CPR, URL: http://purl.uni-rostock.de/cpr/00001418 (03.05.2016).

[69] Ergebnisprotokoll der Beratung des Wissenschaftlichen Rates mit den Professoren der Wilhelm-Pieck-Universität Rostock am 20.12.1989. UAR 1.04.0, 373 ohne Blattzählung. Dort auch die folgenden Zitate.

und Konzil, größere Entscheidungskompetenzen einzuräumen. Das Prinzip der Einzelleitung wurde selbst von konservativer Seite her als nicht mehr tragbar angesehen. Dabei sollten „Erfahrungen des Auslands einfließen." Damit waren die Bundesrepublik, aber auch Österreich, die Schweiz und die skandinavischen Länder gemeint. Als besonders wichtig wurde angesehen, dass die Universität in diesem Prozess autonome Kompetenzen und die an Alexander von Humboldt angelehnten „Grundfreiheiten in Lehre, Forschung und wissenschaftlichem Meinungsstreit" wiedererlangte. Gegen eine Verschulung des Studiums sollte den Studierenden künftig die Möglichkeit eingeräumt werden, zeitweise an anderen Einrichtungen und andere Fächer zu studieren. Außerdem sprachen sich die Professoren Krenkel[70] und Pätzold[71] für die Einführung einer Studienförderung in Anlehnung an das bundesdeutsche BAFöG aus.

Kritik wurde an den vorsichtigen Vorstellungen des Rektors zur Umstrukturierung geübt. Mehrere Professoren sprachen sich für eine konsequente Erneuerung überlebter Strukturen aus, die, falls sie inhaltliche Prozesse behindern sollten, eine radikale Veränderung notwendig machten: „Strukturen müssen von Inhalten bestimmt werden." Auf die Schaffung von Instituten oder Sektionen wurde hier weniger Wert gelegt als auf die konsequente Anpassung an inhaltliche Fragen und die Stärkung akademischer Basisstrukturen. Befürwortet wurden die Aussagen des Rektors zu demokratischen Wahlen, zur Einbeziehung der Kollegialorgane in den Entscheidungsfindungsprozessen und zur Abschaffung der Einzelleitung der Ordinarien in den Struktureinheiten. Hier sollten sich die Vorschläge der Professoren Kiesow und Pätzold für den weiteren Weg als maßgeblich herausstellen. Sie forderten die Schaffung einer Delegiertenkonferenz – eines Konzils – durch Wahl, welches als Basisorgan Entscheidungen von zentraler Bedeutung für die Universität treffen sollte. Zur Prüfung von Strukturfragen sollten Expertengruppen gebildet werden, die mit Vertretern aller Struktureinheiten zusammen, auch der Medizin, auf Interessen und Bedürfnisse der Wissenschaftsbereiche eingehen könnten. Diese Strukturkommission sollte im weiteren Verlauf des Erneuerungsprozesses noch eine bedeutende Rolle spielen.

Bei der Diskussion über Struktureinheiten zeigten sich gegensätzliche Meinungen über künftige Institute, Fakultäten und Sektionen. Die Fakultäten sollten sich nach den inhaltlichen Voraussetzungen richten; über deren Anzahl konnte jedoch kein Konsens erreicht werden. Die Wiedereinrichtung der 1951

---

[70] Prof. Dr. Werner Krenkel: CPR, URL: http://purl.uni-rostock.de/cpr/00001309 (04.05.2016).

[71] Prof. Dr. Horst Pätzold: CPR, URL: http://purl.uni-rostock.de/cpr/00000824 (04.05.2016).

aufgelösten Juristischen Fakultät brachte Prof. Schelzel[72] zur Sprache. Die behandelten Einzelprobleme wurden im Ergebnisprotokoll nur kurz erwähnt und wohl kaum diskutiert. Viele davon, wie zum Beispiel die Abschaffung der Kaderpolitik oder die Eliminierung von SED-Organen aus der Verwaltung waren zu diesem Zeitpunkt schon weitgehend erledigt.

Abschließend wurde die geänderte Zusammensetzung des Senats offiziell bekanntgegeben. Die Universitätsparteileitung der SED gehörte nun nicht mehr dem Senat an. Die Studierenden sollte nicht mehr durch Vertreter der FDJ, sondern durch einen Sprecher des sich noch zu konstituierenden Studentenrates vertreten werden, dem später ein weiterer Vertreter folgen sollte. Außerdem wurden die Prodekane der neu gebildeten Fakultäten in den Senat aufgenommen. Die Sitzung des Plenums wurde durch den Rektor beendet, der weitere Sitzungen, auch mit anderen und gemischten Statusgruppen der Universität, ankündigte.

Am Beispiel der Kommission für die Namensgebung der Wilhelm-Pieck-Universität lässt sich der zögerliche, aber schließlich doch erfolgreiche Verlauf der ersten Reformvorhaben nachvollziehen. Nach der Aufforderung zur öffentlichen Diskussion vom 25. Oktober 1989 gingen im Lauf des November Vorschläge zur Abschaffung des Namens „Wilhelm Pieck" ein. Bis zum 15. Dezember 1989 befanden sie sich im Umlauf und wurden am 20. Dezember im Wissenschaftlichen Rat erörtert. Dieser entschied sich, dem Vorschlag des Rektors folgend, gegen eine sofortige Urabstimmung und für eine Abstimmung nach „Prüfung der Umstände und Informationen".[73] Die Arbeitsgruppe zur Namensgebung der „Wilhelm-Pieck-Universität" wurde am 3. Januar 1990 unter der Leitung des Historikers Prof. Guntau[74] berufen, die ihre Ergebnisse am 14. Februar 1990 vorstellen konnte. Genau einen Monat später beschloss der Senat, die Entscheidung in der Zeit vom 2. bis zum 6. April 1990 in einer Urabstimmung fällen zu lassen. Das Ergebnis erbrachte mit großer Mehrheit von 80 Prozent für die Abschaffung des Namens „Wilhelm Pieck"; Universität Rostock war fortan ihre offizielle Bezeichnung. Das war eine basisdemokratische Entscheidung der Universitätsangehörigen, die zwar materiell noch wenig bewegte, der aber hohe Symbolkraft für praktizierte Freiheit zukam. Mindestens die gleiche Bedeutung

---

[72] Prof. Dr. Manfred Schelzel: CPR, URL: http://purl.uni-rostock.de/cpr/00000959 (04.05.2016).

[73] Ergebnisprotokoll der Plenartagung des wissenschaftlichen Rates vom 20.12.1989. UAR 1.04.0, 373, ohne Blattzählung.

[74] Prof. Dr. Martin Guntau: CPR, URL: http://purl.uni-rostock.de/cpr/00001618 (04.05.2016).

hatte das Gedenken an Arno Esch,[75] der als liberaler Student politische Opposition gegen die Sowjetisierung seiner Universität Rostock übte, von einem sowjetischen Militärtribunal 1950 zum Tode verurteilt und 1952 in Moskau hingerichtet worden war. Auf Antrag der Professoren Krenkel, Olbertz und Pätzold und anderer beschloss der Senat Anfang 1990 die Anbringung einer Gedenktafel im Vestibül des Universitätshauptgebäudes, die Arno Esch und allen Opfern des Stalinismus an der Universität Rostock gewidmet sein sollte. Am 44. Jahrestag der Wiedereröffnung der Universität nach dem Krieg wurde die Gedenktafel am 28. Februar 1990 enthüllt. Eingeladen hatte dazu Rektor Plötner.[76] Die Möglichkeiten der Reform „von oben" schienen damit an ihre Grenzen gelangt zu sein. Jedenfalls ging die Initiative zur Erneuerung fortan auf die Angehörigen der Universität über, die Kräfte „von unten". Als ihre Hauptforderung sollte sich eine neue Universitätsverfassung mit Demokratisierung aller Entscheidungsprozesse im Wege akademischer Selbstverwaltung herausstellen, konkret die Wahl eines Konzils auf zentraler Ebene mit der Befugnis Rektoren und Prorektoren zu wählen. Der zweite Teil der Urabstimmung vom April 1990 betraf genau diesen Punkt und markierte die Wendung zur Reform „von unten".

Die inneruniversitäre Reform „von unten" 1990

Als erster Schritt ist die Schaffung eines Mediums freier Berichterstattung und universitätsöffentlicher Diskussion zu nennen. Das geschah mit der Umwandlung der Universitätszeitung „Die Neue Universität" (DNU), dem Organ der Universitätsparteileitung der SED, in die „Rostocker Universitätszeitung" (RUZ), unter der Redaktion des Rektors herausgegeben vom Wissenschaftlichen Rat, so der Beschluss des Senats am 3. Januar 1990. Die Rostocker Universitätszeitung sollte von da an „Zeitung aller Angehörigen [...] und aller gesellschaftlichen und politischen Organisationen, in denen sie aktiv sind", sein, wobei der Anspruch vertreten wurde, „offen [zu sein] für Positionen, der verschiedenen politischen Statusgruppen dieser Einrichtung [...], die damit ihren Beitrag zum öffentlichen Meinungsaustausch, für mehr Demokratie leisten will."[77] Außer einem Bericht über Besprechungen mit den anderen Statusgruppen brachte die

---

[75] Friedrich-Franz WIESE/Hartwig BERNITT, Arno Esch. Eine Dokumentation. Dannenberg 1994. – Hartwig BERNITT/Horst KÖPKE/Friedrich-Franz WIESE, Arno Esch. Mein Vaterland ist die Freiheit. [Bearb. der Neufassung: Christian MOELLER]. Dannenberg 2010.

[76] Klaus Plötner, Einladung zur Enthüllung der Gedenktafel im Hauptgebäude vom 13.02.1990. UAR 1.04.0, 50, ohne Blattzählung

[77] Unsere Zeitung, in: RUZ vom 09.01.1990, S 1.

RUZ das von der Gruppe um Prof. Olbertz verfasste „Positionspapier der Initiativgruppe Universitätsreform für eine neue demokratische Universitätsverfassung und deren rechtsstaatliche Verankerung".[78] Die in der RUZ vom 19. Januar 1990 abgedruckten Antworten zeigen dabei, wie sehr das Positionspapier die Meinungen der Universitätsangehörigen polarisierte. Befürworter und Gegner kamen zu Wort – letztere verteidigten die Dritte Hochschulreform und lehnten die vorgeschlagene Wiedereinführung von Instituten und Fakultäten ab, teilweise sogar den Anspruch auf Reisefreiheit.[79] Damit war die Diskussion über eine neue Universität in Gang gebracht worden. Von Mangel an Meinungen kann bei einem Gesamtumfang der RUZ von acht bis zwölf Seiten kaum die Rede sein.

Einen ersten Verfassungsentwurf stellte die Initiativgruppe am 23. Februar 1990, einem Freitag um 16 Uhr, zur öffentlichen Diskussion. Der Termin war nicht glücklich gewählt, die Beteiligung, besonders der Studierenden, gering. Kritik wurde unter anderem an Stimmenverteilung des vorgesehenen Konzils geübt, das 7:2:2:2 betragen sollte, also sieben Hochschullehrer auf zwei Wissenschaftliche Mitarbeiter, auf zwei Nichtwissenschaftliche zwei Mitarbeiter, auf zwei Studierende. Zudem sollte in der Hochschulverfassung nicht kritiklos die Struktur bundesdeutscher Universitäten übernommen werden, was bei dieser Zusammensetzung übrigens gar nicht der Fall war, denn rein rechnerisch konnten die Professoren jederzeit überstimmt werden. Der in dem Entwurf vorgeschlagene Termin war nicht einzuhalten, weil das dazu zuständige Konzil noch nicht gewählt war. Nicht einmal die Wahlordnung stand fest.[80] Allgemeiner Konsens bestand jedoch darin, dass ein neues Konzil zu wählen war und nach Statusgruppen zusammengesetzt sein sollte. Neben den Studierenden waren damit nun auch die Wissenschaftlichen Mitarbeiter sowie die Nichtwissenschaftlichen Mitarbeiter gehalten, sich in eigenen Gruppen oder Räten zu organisieren.

Die Studierenden waren seit Jahrzehnten durch die FDJ, eine Parteiorganisation der SED, obligatorisch vertreten. Hatten noch – laut Bericht der DNU – 50 begeisterte Studenten am Fackelzug zu Ehren des 40. Jahrestages der DDR teilgenommen,[81] bröckelte der scheinbar monolithische Block im Lauf des

---

[78] Positionspapier der Initiativgruppe Universitätsreform für eine neue demokratische Universitätsverfassung und deren rechtsstaatliche Verankerung, in: RUZ vom 09.01.1990, S. 8.

[79] Ilse ANTOV, Erfahrungen und Kompetenzen nicht außer Acht lassen, in: RUZ vom 19.01.1990, S. 4. – Heinz ULBRICHT, Wissenschaftliche Arbeit und Universitätsstruktur, ebenda.

[80] Grit KRÜGER, Eine öffentliche Diskussion, in: RUZ vom 16.03.1990, S. 1.

[81] Wir waren dabei! In: DNU vom 13.10.1989, S. 7.

Herbstes. Öffentliche Diskussionen wurden im Rahmen der FDJ-Hochschulorganisation geführt. Erstmals sprachen sich Mitglieder am 25. Oktober 1989 über das zukünftige Wirken der FDJ in Hochschule und Gesellschaft aus. Dabei wurde betont, dass die Arbeit der FDJ in Rostock nun offener werden solle und die Interessen der Studierenden besser zu vertreten seien.[82] Dieses Mal reagierte die DNU mit Kritik. Der Anspruch der FDJ als alleinige Vertretung der Studierenden sowie die fast obligatorische Mitgliedschaft wurden abgelehnt, ebenso die Eigenschaft der FDJ als das Organ der SED. Am 7. November 1989 fand eine Delegiertenkonferenz mit Vertretungen aller Studenten der Wilhelm-Pieck-Universität statt. Konsens herrschte über die Ablehnung der FDJ als Alleinvertretung der Studierenden. Künftig sollten Studentenräte auf der Ebene der Struktureinheiten gebildet werden, unabhängig von Parteien und gesellschaftlichen Organisationen. Es begann die Vorbereitung einer entsprechenden Satzung.[83]

Der daraufhin gebildete provisorische Universitätsrat der Studenten setzte am Beginn des Jahres 1990 eine Urabstimmung über die Satzung der Studierenden an. Innerhalb von nur einer Woche wurden 5.657 Stimmzettel an die Studierenden in den Struktureinheiten ausgeteilt, ausgefüllt, abgegeben und ausgezählt. Bei einer Wahlbeteiligung von knapp 49,8 Prozent sprachen sich 90,5 Prozent für die neue Satzung aus.[84] Diese trat mit sofortiger Wirkung am 16. Januar 1990 in Kraft. Darin wird die studentische Selbstverwaltung an den Struktureinheiten über zu bildende Studentenräte – die späteren Fachschaftsräte – sowie die Vertretung aller Studierender über den Studentenrat der Universität, geregelt.

Der Einladung des Rektors zu einer Diskussion am 24. Januar 1990 folgten nur 25 Studierende. Eine kontroverse Diskussion kam dennoch zustande. Vor allem mit den anwesenden Professoren Olbertz und Riße wurde heftig über den studentischen Anteil in den zu schaffenden Kollegialorganen gestritten. Die Studenten setzten sich für einen Stimmanteil von wenigstens 25 Prozent ein, dem Prof. Olbertz die Warnung vor einer „inkompetenten studentischen Übermacht" entgegenhielt. Zu einem Konsens kam es nicht, aber die Änderung der Anteile im zweiten Entwurf für die Universitätsverfassung dürfte damit zusammenhängen. Kritik übten die Studierenden außerdem an der Festlegung der Regelstudienzeit auf die „kürzestmögliche Zeit zur Erreichung des Studienzieles".

---

[82] Frank GESCHKE, Schwätzer sein oder ernst machen? – Kathrin BOHM, Kritik an der Kritik. Beide Beiträge in: DNU vom 27.10.1989, S. 7.
[83] Alle Macht den Räten, in: RUZ vom 09.01.1990, S. 7.
[84] Angenommen, in: RUZ vom 19.01.1990, S. 7 f.

Das eben erst gewonnene Potenzial zur Freiheit des Studiums werde durch die Bindung der Stipendien an die Regelstudienzeit von vier Jahren gefährdet.[85]
Die Statusgruppe der wissenschaftlichen Mitarbeiter konstituierte sich am 27. Februar 1990 und legte ihre Standpunkte fest. Sie wollte sich für eine Neuwahl der Universitätsleitung für die Arbeitsphase bis zur Verabschiedung einer Verfassung einsetzen. Auch diese Statusgruppe war mit dem von der Initiativgruppe vorgeschlagenen 7:2:2:2-Schlüssel nicht einverstanden und forderte die Abstimmung über die Wahlordnung zum Konzil durch Urabstimmung.[86]

Für die nichtwissenschaftlichen Mitarbeiter, die Angestellten der Universität schien es zunächst keinen Grund zu geben, sich einen Sprecherrat zu wählen, waren sie doch durch die Universitätsgewerkschaftsleitung (UGL) vertreten. Der Vorsitzende der UGL, Prof. Erwin Kalxdorf,[87] betonte, die Gewerkschaft sei in ihrer Arbeit unabhängig von Parteien, Bürgerbewegungen und Staat und handle allein zum Schutz ihrer Mitglieder.[88] Dennoch bildeten sich in einigen Bereichen Personalräte. Das wurde vom Gewerkschaftsvorsitzenden kritisiert,[89] aber da die Gewerkschaft nur ihre Mitglieder vertrat und nicht alle Angestellten der Universität, wurde diese Lücke durch die Bildung von Personalräten geschlossen. Ihre Rechte der Mitbestimmung konnten unter Zuhilfenahme bundesdeutscher Gesetze geregelt werden.

Am 14. März 1990 entschied der Senat über drei für die weitere Umgestaltung der Universität grundlegende Fragen. Neben der Abstimmung über die Rückkehr zur alten Namensgebung „Universität Rostock", sollte sowohl über die Wahlordnung eines Außerordentlichen Konzils,[90] als auch dessen Zusammensetzung nach Anteilen der Statusgruppen entschieden werden. Der Senat be-

---

[85] Fünfundzwanzig Studenten..., in: RUZ vom 02.02.1990, S. 1. – Fünfundzwanzig... Fortsetzung des Artikels, in: RUZ vom 02.02.1990, S. 7.

[86] Jürgen SEEMANN, Statusgruppe der wissenschaftlichen Mitarbeiter konstituiert sich, in: RUZ vom 16.03.1990, S. 6.

[87] Prof. Dr. Erwin Kalxdorf: CPR: URL: http://purl.uni-rostock.de/cpr/00003027 (05.05.2016).

[88] Erik KALXDORF, Wahlprüfsteine, in: RUZ vom 16.03.1990, S. 3.

[89] Erik KALXDORF, ‚Betriebsräte' und ‚Personalräte', in: RUZ vom 16.03.1990, S. 3. Dagegen: Adam SONNEVEND, Personalräte sind zeitgemäß und erforderlich! Unpolemische Antwort auf einen polemischen Beitrag vom UGL-Vorsitzenden, in: RUZ vom 30.03.1990, S. 3.

[90] Wahlordnung für die „Universität Rostock", für die Wahlen zu einem Außerordentlichen Konzil, in: RUZ vom 16.03.1990, S. 7.

schloss zugleich die Schaffung einer zentralen Wahlkommission unter der Leitung des emeritierten Prof. Mücke.[91] Für die Zusammensetzung standen zwei Varianten zur Abstimmung. Bei der einen handelte es sich um die von der Initiativgruppe vorgeschlagene (7:2:2:2); die zweite Variante trug den Protesten der Studierenden und der anderen Statusgruppen Rechnung (2:2:1:1). Die vorläufigen Ergebnisse der Urabstimmung wurden in der RUZ vom 17. April 1990 veröffentlicht. Bei einer Wahlbeteiligung von etwa 55 Prozent stimmten fast 80 Prozent der Wähler für eine Namensänderung der Universität.[92] Dies geschah trotz einiger letzter Versuche, wie beispielsweise durch Prof. Elsner in einem Artikel der RUZ, die Patronage Wilhelm Piecks zu rechtfertigen, dem mit harschem Widerspruch von Seiten Prof. Kiesows begegnet wurde.[93] Über die Wahlordnung wurde ebenfalls abgestimmt. Für die Zusammensetzung des Konzils nach Statusgruppen sprach sich der Großteil der Wähler für die zweite Variante aus. Das Konzil sollte sich demnach nach dem Schlüssel 2:2:1:1 zusammensetzen. Bei einer Gesamtzahl von 300 Sitzen entfielen 100 auf Hochschullehrer, 100 auf wissenschaftliche Mitarbeiter, 50 auf nichtwissenschaftliche Mitarbeiter und 50 auf die Studierenden. Entsprechend hatten die beiden Statusgruppen der Professoren und der Wissenschaftlichen Mitarbeiter noch die Mehrheit im Außerordentlichen Konzil. Die Gefahr einer übergroßen Entscheidungsmacht der Wissenschaftler wurde aber gemildert. Eine Sonderrolle nahm der Bereich für Medizin als die größte Struktureinheit der Universität ein, der 25 Prozent der Mandate der ersten beiden Gruppen zugesprochen bekam.[94]

Die Abstimmungsergebnisse wurden am 19. April 1990 bestätigt. Die Universität führte nun wieder ihren ursprünglichen Namen „Universität Rostock". Zugleich war mit der Wahlordnung ein wichtiger Schritt auf dem Weg zum Konzil erreicht.[95] Die Entscheidung über eine neue Verfassung stand noch

---

[91] Prof. Dr. Dietrich Mücke: CPR, URL: http://purl.uni-rostock.de/cpr/00000869 (09.05.2016).

[92] Gewählt. Zwischenbilanz. Vorläufiges Ergebnisprotokoll über die Durchführung der Urabstimmung Namensgebung, Wahlordnung für die Wahlen zu einem Außerordentlichen Konzil und Zusammensetzung des Außerordentlichen Konzils an der Wilhelm-Pieck-Universität Rostock, in: RUZ vom 17.04.1990, S. 1.

[93] Lothar ELSNER, Haben wir noch eine Wahl? Spricht nichts für Wilhelm Pieck? In: RUZ vom 30.03.1990, S. 1.

[94] Wahlordnung der Universität Rostock zur Wahlen zu einem außerordentlichen Konzil, in: RUZ vom 16.03.1990, S. 7.

[95] Bekanntmachung der Wahlkommission, in: RUZ vom 27.04.1990, S. 1.

aus. Nach wenig erfolgreicher Diskussion um den ersten Entwurf der neuen Universitätsverfassung wurde ein zweiter Entwurf am 11. Mai in der RUZ durch die Initiativgruppe der Öffentlichkeit zugänglich gemacht. Gleichzeitig reichte Prof. Engel einen Gegenentwurf ein.[96] Auf Vorschlag von Prof. Olbertz konnte in der Senatssitzung am 25. April 1990 der Kompromiss erreicht werden, dass beide Verfassungsentwürfe in der Universitätszeitung veröffentlicht werden würden. Über die beiden konkurrierenden Entwürfe sollte nun aber nicht mehr in öffentlicher Diskussion, sondern im Rahmen des Außerordentlichen Konzils zu beraten sein.

Als letzten Schritt auf dem Weg zum Außerordentlichen Konzil mussten die Statusgruppen eine bestimmte Anzahl von Vertretern aus ihren Wahlbereichen bestimmen, die den Struktureinheiten entsprachen. Die Zentrale Wahlkommission setzte hierfür einen Schlüssel fest. Am 26. April 1990 fanden die Wahlversammlungen in den Struktureinheiten unter Aufsicht von Wahlkommissionen statt. Die Ergebnisse wurden von den Wahlkommissionen geprüft und am 10. Mai 1990 veröffentlicht. Bei einer Wahlbeteiligung von 32,5 Prozent wurden die Mitglieder des Konzils gewählt. Die Gesamtzahl der Wahlberechtigten betrug 13.038, wovon 5.653 auf die Medizin entfielen. Nur 68, das waren 1,6 Prozent der abgegebenen Stimmen waren ungültig.[97] Trotz des wiederholten Aufrufes in der RUZ[98] war die studentische Fraktion die einzige, die nicht die volle Anzahl der Mandate erreichte. Von 50 zur Verfügung stehenden Plätzen konnten so nur 42 Plätze besetzt werden. Die Differenz wurde später durch Wahl und Losentscheid aufgefüllt.[99] Mit der erfolgreichen Wahl des Außerordentlichen Konzils vollzog sich ein friedlicher Umsturz der Universitätsverfassung und damit der Machtverhältnisse. An die Stelle der Einzelleitung im Wege des demokratischen Zentralismus – in der ersten deutschen Diktatur nannte man es Füh-

---

[96] Entwurf einer vorläufigen Grundordnung für die Organisation und Selbstverwaltung der Universität, in: RUZ vom 11.05.1190, S. 3. Siehe auch Kiesow, Theologen, S. 78.

[97] Delegiertenschlüssel für Studenten im Außerordentlichen Konzil, in: RUZ vom 27.04.1990, S. 8. Eine komplette Aufstellung der Kandidaten aller Statusgruppen für das Konzil findet sich in UAR 1.04.0, 50. Die endgültigen Wahlergebnisse finden sich im Anhang des Ergebnisprotokolls der Beratung des Außerordentlichen Konzils am 22.05.1990, URR Beratungen des außerordentlichen Konzils I.

[98] Aufruf im Artikel: Studenten ins Konzil. In: RUZ vom 27.04.1990, S. 8: „Die Zeit ist knapp aber trotzdem müßt ihr eure aktive Teilnahme am Außerordentlichen Konzil gewährleisten. Die Alternative sei nur der Rückzug aus der Mitbestimmung."

[99] Ergebnisprotokoll der Beratung des Außerordentlichen Konzils am 22.05. 1990, S. 3. URR Beratungen des außerordentlichen Konzils I.

rerprinzip – trat nun die Entscheidungsfindung aller wesentlichen Angelegenheiten der Universität Rostock durch eine frei gewählte – man möchte sagen parlamentarische – Versammlung. Ihre Zusammensetzung nach Statusgruppen erinnert in ihrer Struktur zwar mehr an eine vormoderne Ständeversammlung denn an ein modernes Parlament, aber diese Form der akademischen Selbstverwaltung ist an fast allen Universitäten üblich und darf als funktionsfähig in der Weise gelten, dass alle Angehörigen der Universität angemessen an den politischen Entscheidungen ihrer Hochschule beteiligt sind. Für die Universität Rostock bedeutete die Wahl des Außerordentlichen Konzils den Durchbruch zur innovativen Erneuerung in freier Selbstverwaltung – gewiss auch in der Aussicht auf eine unsichere Zukunft. Dennoch war es ohne Zweifel ein dramatischer Höhepunkt der Hochschulerneuerung aus eigener Kraft.

Die ersten fünf Beratungen des Außerordentlichen Konzils

Das erste Außerordentliche Konzil fand mit rund 300 Mitgliedern am 22. Mai 1990 im großen Speisesaal der Mensa Südstadt statt. Es war das erste basisdemokratisch zusammengetretene Entscheidungsorgan der gesamten Universität und all ihrer Angehörigen.[100] Tagesordnungspunkte waren vor allem organisatorischer Art. Geleitet wurde dieser erste Teil vom Leiter der Wahlkommission, Prof. Mücke. Er gab die am 16. Mai 1990 geprüften, endgültigen Wahlergebnisse für die Mitgliedschaften im Konzil bekannt. Danach war ein Präsidium des Konzils zu wählen. Auf Empfehlung der Wahlkommission wählten die Vertreter der Statusgruppen jeweils zwei ihrer Mitglieder zu Sprechern in das Präsidium des Konzils.[101] In das Präsidium wurden die Professoren Pätzold und Hennighausen[102] für die Hochschullehrer, der Theologe Dr. Klaus-Michael Bull und Dr. Jürgen Seemann für die wissenschaftlichen Mitarbeiter, die Studenten Clemens Kempner und Klaus-Christian Michel sowie Manfred Sedat und Elisabeth Pfützner für die nichtwissenschaftlichen Mitarbeiter gewählt. Die Mitglieder des Präsidiums wählten anschließend aus ihrer Mitte Prof. Pätzold zu ihrem Vorsitzenden und Prof. Hennighausen zu seinem Stellvertreter. Die Wahl wurde von den Konzilsmitgliedern bestätigt und für die gesamte Dauer des Konzils festgelegt. Die weitere Leitung der Beratung übernahm nun Prof. Pätzold. Es

---

[100] Siehe hierzu auch: Rückblicke. Konzil der Universität Rostock. Hrsg. v. Karl-Heinz JÜGELT. Rostock 1999.

[101] Das Verhältnis der Statusgruppen war hier also paritätisch: 2:2:2:2.

[102] Prof. Dr. Gerhard Hennighausen: CPR, URL: http://purl.uni-rostock.de/cpr/00001511 (10.05.2016). Siehe auch seinen Bericht in diesem Band, S. 13-26.

Die Universität Rostock im Umbruch 1989-1994   95

Abbildung 1
Außerordentliches Konzil 22. Mai 1990 Präsidium
Von links nach rechts: Klaus-Christian Michel, Clemens Krempner,
Prof. Gerhard Hennighausen, Prof. Horst Pätzold, Dr. Jürgen Seemann,
Dr. Klaus-Michael Bull, Elisabeth Pfützner, Manfred Sedat

wurde dann entschieden, dass die Öffentlichkeit weder uneingeschränkt noch partiell als Hörer im Konzil zugelassen werde. Vielmehr sollte die breitere universitäre Öffentlichkeit zentral über die Pressereferentin in Absprache mit dem Präsidium informiert werden. Im Anschluss an die Beratungen wurde eine Auswahl der Beschlüsse in der RUZ veröffentlicht.[103]

Danach gab das Mitglied des unabhängigen Untersuchungsausschusses, Prof. Pelz, einen Bericht über das Ausmaß konspirativer Tätigkeit mit dem Ministerium für Staatssicherheit (MfS) an der Universität ab. Dabei sprach er jenen Angehörigen der Universität, die sich wegen ihrer konspirativen Tätigkeit für das MfS nicht zur Wahl in die neuen Leitungsgremien gestellt hatten, seinen

---

[103] Ergebnisprotokoll der Beratung des Außerordentlichen Konzils am 22 Mai 1990, S. 1f. URR Beratungen des außerordentlichen Konzils I. Vgl.: Beschlüsse vom ersten Tag des außerordentlichen Konzils, in: RUZ vom 25.05.1990, S. 1.

Dank aus. Auf Beschluss des Konzils mussten alle Kandidaten für die neu zu wählenden obersten Leitungsgremien und Ämter (namentlich Rektor, Prorektor und Senat) eine mündliche Erklärung vor dem Konzil und eine schriftliche vor dem Präsidium abgeben:

> *Hiermit erkläre ich, daß ich mich weder als offizieller noch als inoffizieller Mitarbeiter beim ehemaligen MfS/AfNS vertraglich zur Zusammenarbeit verpflichtet hatte. Weiter erkläre ich, daß ich von diesen Einrichtungen keine Zuwendungen, Belohnungen, Auszeichnungen oder Vergünstigungen irgendeiner Art erhalten habe.* [104]

Abbildung 2
Außerordentliches Konzil 22. Mai 1990 Plenum

Nach Diskussion über die wenigen Änderungsvorschläge konnte das Konzil seine Geschäftsordnung verabschieden und sich so als das „oberste Kollegialorgan der Universität, dem die Entscheidungskompetenz für die Verabschiedung der vorläufigen Universitätsverfassung [...] obliegt," konstituieren.

---

[104] Lothar Pelz, Erklärung vor dem außerordentlichen Konzil der Universität Rostock am 22. Mai 1990 anläßlich der Neuwahl von Rektor und Senat. Anlage zum Ergebnisprotokoll der Beratung des außerordentlichen Konzils am 22. Mai 1990. Ehrenerklärung im Anhang zum Ergebnisprotokoll der Beratung des außerordentlichen Konzils am 22. Mai 1990. URR Beratungen des außerordentlichen Konzils I.

Abbildung 3
Außerordentliches Konzil 22. Mai 1990 Abstimmung

Damit konnte es über Fragen der weiteren Universitätsreform beraten und entscheiden. Ebenso war das Konzil für die Wahl des Rektors, der Prorektoren und des Senats zuständig und sollte den jährlichen Rechenschaftsbericht des Rektors entgegennehmen.[105]

In der Nachmittagssitzung, geleitet durch Prof. Hennighausen, wurde über den zu wählenden Senat beraten. „Der Senat hat Beratungs- und Entscheidungskompetenzen in allen grundsätzlichen, die Universität Rostock als Ganzes berührenden, Angelegenheiten."[106] Die weiteren dem Senat zustehenden Kompetenzen sollten durch eine Kommission auf der Grundlage der Verfassungsentwürfe der Professoren Olbertz und Engel – beide Mitglieder der Kommission – beraten, die Ergebnisse in der zweiten Sitzung des Konzils am 29. Mai vorge-

---

[105] Diskussionsvorlage zur Geschäftsordnung des außerordentlichen Konzils. Anlage zum Ergebnisprotokoll der Beratung des außerordentlichen Konzils am 22 Mai 1990. URR Beratungen des außerordentlichen Konzils I.
[106] Ebenda.

stellt werden. Außerdem gehörten jeweils zwei Vertreter der anderen Statusgruppen der Kommission an. Die Zusammensetzung des Senats betreffend wurde beschlossen, dass darin acht Hochschullehrer, acht wissenschaftliche Mitarbeiter, vier Studenten und vier nichtwissenschaftliche Mitarbeiter Sitz und Stimme haben sollten. Mit beratender Stimme gehörten der Rektor, die Prorektoren, die Dekane, der Verwaltungsdirektor sowie ein Vertreter der Gewerkschaft oder des Personalrates und des Studentenrates dem Senat an.[107]

Anschließend wurden die Kandidaten für die Mitgliedschaft im Senat nominiert. Für das Amt des Rektors wurden sechs Kandidaten vorgeschlagen, von denen die Professoren Fritzsche,[108] Seyffarth[109] und Engel die Kandidatur nicht annahmen. Die Wahl zum Amt des Rektors sollte sich also zwischen den Professoren Maeß, Olbertz und Wildenhain,[110] entscheiden. Die Wahl wurde ebenso wie die Vorstellung und Wahl eines Prorektors auf die nächste Sitzung vertagt. Der neue Senat erhielt im weiteren Verlauf der Beratung die Aufgabe, eine Kommission zur Erarbeitung eines Grundsatzkataloges für die Personal- und Strukturpolitik der Universität zu erarbeiten, in der die Statusgruppen dem Schlüssel des Konzils folgend vertreten sein sollten. Diese Kommission bildete später den Kern des universitären Anteils der Strukturkommission des Landes.[111]

Die zweite Beratung des Außerordentlichen Konzils fand am 29. Mai 1990 statt. Zu Beginn wies der Verwaltungsdirektor (fortan Kanzler) der Universität, Dr. Dieter Borchmann,[112] auf finanzielle Probleme hin: für Juni – den letzten Monat vor der Währungs-, Wirtschafts-, und Sozialunion mit der Bundesrepublik – konnte die Universität noch Löhne, Gehälter, Prämien und Stipendien auszahlen, alle anderen Ausgaben blieben bis auf weiteres gesperrt. Das

---

[107] Ergebnisprotokoll der Beratung des außerordentlichen Konzils am 22. Mai 1990. URR Beratungen des außerordentlichen Konzils I.

[108] Prof. Dr. Helmut Fritzsche: CPR, URL: http://purl.uni-rostock.de/cpr/00001599 (12.05.2016).

[109] Prof. Dr. Peter Seyffarth: CPR, URL: http://purl.uni-rostock.de/cpr/00002135 (12.05.2016).

[110] Prof. Dr. Günther Wildenhain: CPR, URL: http://purl.uni-rostock.de/cpr/00001539 (12.05.2016). Siehe auch seinen Bericht in diesem Band, S. 57-65.

[111] Ergebnisprotokoll der Beratung des außerordentlichen Konzils am 22. Mai 1990, S. 4 ff. URR Beratungen des außerordentlichen Konzils I.

[112] Dr. Dieter Borchmann: CPR, URL: http://cpr.uni-rostock.de/nav?path=left.browse.kanzler (14.05.2016).

war eine konkrete Erinnerung an die äußeren Bedingungen der Reformbestrebungen.[113] Diesen wandte sich das Konzil nun zu. Die Wahlen von Senat, Rektor und Prorektor standen an. Die Mitglieder der Wahlkommission wurden durch Prof. Pätzold vorgeschlagen und einstimmig bestätigt. Es folgten Beratung und Abstimmung über Aufgaben, Rechte und Pflichten des Senats. Neben den grundsätzlichen Aufgaben sollte der Senat über den Haushalts- und Ausstattungsplan der Universität für die Struktureinheiten und die zentralen Einrichtungen entscheiden, ebenso über die Errichtung und Aufhebung von Professuren und Dozenturen. Gemeinsam mit dem Kultusministerium sollte der Senat über die Bildung und Auflösung von Studiengängen sowie die Grundsätze des Prüfungswesens entscheiden. Wichtige inhaltliche Entscheidungen, wie Haushaltsfragen und die sozialen Grundsätze der Universitätsreform, sollten durch Kommissionen mit spezieller Sachkompetenz vorbereitet werden, in denen alle Statusgruppen vertreten waren. Entscheidungen, welche die Studierenden betrafen, benötigen außerdem eine studentische Mehrheit im Senat. Sodann ging es um die Errichtung eines Studentenwerkes und die Organisation der studentischen Selbstverwaltung.[114] Zusätzlich wurde beschlossen, dass, falls einem Mitglied des Senats die Zusammenarbeit mit einem Geheimdienst oder einer Organisation mit geheimdienstlichen Methoden nachgewiesen werden könnte, der Sitz im Senat verloren gehe.

Abbildung 4
Rektor Prof. Gerhard
Maeß nach der Wahl
am 29. Mai 1990

Es folgten die Abstimmung über die Wahlordnung zum Senat, die Vorstellung der Kandidaten und die Erklärung aller Kandidaten nicht für das MfS tätig gewesen zu sein. In der Wahlordnung zum Amt des Rektors wurde beschlossen, dass dieser die absolute Mehrheit erreichen musste. Die Wahl stand zwischen drei Kandidaten. Nach ihrer Vorstellung und Abgabe ihrer MfS-Erklärung, setzte sich Prof. Maeß mit 182 gegen die Prof. Wildenhain mit 54 und Prof. Olbertz mit 20 Stimmen im ersten Wahlgang durch. Dem scheidenden Rektor, Prof. Plötner, wurde durch die Professoren Maeß und Pätzold Respekt und „Dank für die

---

[113] Ergebnisprotokoll der Beratung des außerordentlichen Konzils am 29. Mai 1990, S. 2. URR Beratungen des außerordentlichen Konzils I.

[114] Eine vollständige Auflistung findet sich in: Ordnung zur Arbeit des Senats der Universität Rostock. Anlage zum Ergebnisprotokoll der Beratung des außerordentlichen Konzils am 29. Mai 1990. URR Beratungen des außerordentlichen Konzils I.

Abbildung 5
Außerordentliches Konzil 7. Juni 1990 Prorektorkandidat Prof. Ernst-Rüdiger Kiesow
Von links nach rechts Klaus Michel, Clemens Krempner und Jürgen Seemann verdeckt, Prof. Gerhard Hennighausen, Prof. Horst Pätzold, Dr. Klaus-Michael Bull, Elisabeth Pfützner

Amtsführung und die Einsatzbereitschaft unter den schwierigen Bedingungen" ausgesprochen.[115]

In der dritten Sitzung des Außerordentlichen Konzils am 7. Juni 1990 sollte vorrangig über die Aufgaben und Befugnisse des Rektors beraten sowie die Wahl für das Amt des Prorektors durchgeführt werden. Rektor Maeß dankte den beiden scheidenden Prorektoren, den Professoren Ulbricht und Kibbel[116] für die geleistete Arbeit, ebenso den anwesenden ehemaligen Senatoren. Zur Wahl für das Amt des Prorektors stellten sich die Professoren Kiesow und Moll zur

---

[115] Änderung zum Protokoll der Beratung des Außerordentlichen Konzils am 29. Mai 1990. Ergebnisprotokoll der Beratung des Außerordentlichen Konzils am 7. Juni 1990. URR Beratungen des außerordentlichen Konzils I.

[116] Prof. Dr. Hans Ulrich Kibbel: CPR, URL: http://purl.uni-rostock.de/cpr/00001853 (14.05.2016).

Wahl. Nach seiner Vorstellung gab Prof. Moll die MfS-Erklärung nicht ab. Die Gründe waren bekannt: nicht nur war er Mitglied der SED und Sekretär der FDJ, sondern als Direktor für internationale Beziehungen zu einer Zusammenarbeit mit dem MfS verpflichtet, was von ihm offen zugegeben und vom Konzil mit Anerkennung für seine Offenheit gewürdigt wurde.[117] Das Konzil entschied mit 108 zu 86 Stimmen Prof. Kiesow in das Amt des Prorektors zu wählen.[118]

Abbildung 6
Außerordentliches Konzil 7. Juni 1990 Prorektorkandidat Prof. Georg Moll
Von links nach rechts Clemens Krempner, Jürgen Seemann, Prof. Gerhard Hennighausen verdeckt, Prof. Horst Pätzold, Dr. Klaus-Michael Bull, Elisabeth Pfützner, Manfred Sedat

Nach der Beratung der Vorlage beschloss das Konzil über die Aufgaben und Befugnisse des Rektors. Dieser sollte durch das Konzil für die Dauer von zwei Jahren zum Vertreter der gesamten Universität gewählt werden. Der Rektor

---

[117] KIESOW, Theologen, S. 79 f.
[118] Ergebnisprotokoll der Beratung des außerordentlichen Konzils am 7. Juni 1990. URR Beratungen des außerordentlichen Konzils I.

sollte Dienstvorgesetzter aller Mitglieder der Universität sein, was auch ausdrücklich die Person des Verwaltungsdirektors (künftig Kanzlers) mit einschloss. Der Rektor hatte die laufenden Geschäfte der Universität zu führen, die Beschlüsse des Senats zu vollziehen und war dem Senat und dem Konzil rechenschaftspflichtig. In dringenden Fällen konnte der Rektor jedes Gremium der Universität einberufen und, falls nötig, erforderliche Entscheidungen selbst treffen, was später durch das zuständige Gremium bestätigt oder aufgehoben werden musste.[119]

Abbildung 7
Außerordentliches Konzil 7. Juni 1990
Wahl des Prorektors, Rektor Maeß
gratuliert Prorektor Kiesow

Von hoher Dringlichkeit blieb nun die Verabschiedung einer neuen Universitätsverfassung. Hierzu entschied das Konzil, die dafür eingesetzte Kommission solle ihren Entwurf bis zum 1. September 1990 vorlegen, damit dieser in der RUZ vom 14. September veröffentlicht, diskutiert und in der Sitzung des Konzils am 27. September 1990 beraten werden könne.

Die vierte Beratung des Außerordentlichen Konzils am 27. September 1990 stand ganz im Zeichen der vorläufigen Verfassung der Universität. Vor der Beratung darüber gab der Senat seinen ersten Rechenschaftsbericht ab.[120] Des Weiteren wurde erörtert, ob denn die Verfassung der Universität mit dem Entwurf der Vorläufigen Hochschulordnung in Übereinstimmung zu bringen sein müsse.[121] Eine Übergangsregelung bis zu einem Landeshochschulgesetz, das sich in

---

[119] Die Aufgaben und Befugnisse des Rektors der Universität Rostock. Beschluss des Außerordentlichen Konzils vom 7. Juni 1990. Anhang zum Ergebnisprotokoll der Beratung des außerordentlichen Konzils am 7. Juni 1990. URR Beratungen des außerordentlichen Konzils I.

[120] Rechenschaftsbericht des Akademischen Senats für das akademische Jahr 1990/91. Anlage des Ergebnisprotokolls der 7. Beratung des Außerordentlichen Konzils am 12. Juni 1991. URR Beratungen des außerordentlichen Konzils II.

[121] Verordnung über die Hochschulen (Vorläufige Hochschulordnung) vom 18. September 1990. In: Gesetzblatt der DDR 1990, Teil I, Nr. 63, S. 1585.

Vorbereitung befand, gab es nicht. Unabhängig von dieser Frage nahm die Beratung über den Entwurf der vorläufigen Universitätsverfassung den Hauptteil der Sitzung ein. Die Diskussion konzentrierte sich dabei erneut auf den Verteilungsschlüssel der Statusgruppen in den Kollegialorganen, den anzuwendenden Wahlmodus und die Rolle der Fachbereiche. Die Debatte wurde sachlich geführt. Letztendlich einigte man sich auf den 2:2:1:1-Schlüssel, der schon bei der Wahl des Konzils konsensfähig gewesen war, um „die weitere Umgestaltung der Universität auf möglichst breite Schultern zu stellen."[122] Bei diesen Überlegungen spielte das Hochschulrahmengesetz der Bundesrepublik nur eine untergeordnete Rolle. Das zeigte sich vor allem an der herausgehobenen Rolle des Konzils, das bei Verabschiedung und Veränderung der Universitätsverfassung die maßgebliche Rolle behielt. Hier zeichnete sich ab, dass die Universität nicht mehr in einem rechtsfreien Raum agieren und rechtsetzend wirken konnte. Auch deuteten sich personelle Reduzierungen an. Im weiteren Verlauf sollten sich mit der Verabschiedung des Hochschulerneuerungsgesetzes bei der personellen und strukturellen Erneuerung der Universität noch große Probleme zeigen.

Abbildung 8
Investitur Rektor Maeß am 11. Juli 1990 in der Aula, Prorektor Kiesow überreicht dem Rektor die Zepter

Unter dem Eindruck von Gerüchten über Pläne des Kultusministeriums, Abwicklungen von Hochschulen bereits im Dezember durchzuführen, trat das Konzil durch kurzfristige Ladung am 14. Dezember 1990 zu seiner fünften Sitzung zusammen. Am Tag zuvor demonstrierten mehrere tausend Angehörige der Universität Rostock sowie der Hochschulen Warnemünde und Wismar vor dem Kultusministerium in Schwerin und forderten den Erhalt der Bildungslandschaft Mecklenburg-Vorpommerns auch im Rahmen der Hochschulerneuerung. Gerügt wurde die schlechte Informationspolitik des Kultusministeriums. Die Forderung der Universität Rostock lautete: „Überführung aller bestehenden Fakul-

---

[122] Klaus-Michael BULL, Dem Geist der Demokratie treu geblieben – das außerordentliche Konzil hat die vorläufige Universitätsverfassung in Kraft gesetzt, in: RUZ vom 12.10.1990, S. 1.

täten der Universität Rostock, statt Abwicklung" sowie die „Wahrung der Autonomie der Universität". In einer Presseerklärung teilte Kultusminister Oswald Wutzke am 13. Dezember 1990 mit, dass keine der Hoch- und Fachschulen des Landes abgewickelt werden solle. Auch sprach er sich für die Mitbestimmung der Hochschulen in den Diskussionen um die Zukunft und das Profil der Bildungseinrichtungen aus. Er betonte jedoch, dass der Verbleib der Hochschulen nicht die Abwicklung einzelner Bereiche verhindern könne.[123] Darauf reagierte das Konzil, indem es den Senatsbeschluss vom 12. Dezember 1990 zum Konzilsbeschluss erhob, dass die „grundlegende strukturelle und personelle Erneuerung dringend geboten" sei und die Position von Senat und Konzil „für eine Überführung aller Einrichtungen unserer Universität unter Fortsetzung der begonnenen Erneuerung der Lehre und Forschung bei konsequenter Überprüfung aller Angehörigen des Lehrkörpers" zu geschehen habe. Anderenfalls solle der Rektor Klage vor dem Verwaltungsgericht erheben. Weniger auf Konfrontation gerichtet war der schließlich mit Mehrheit angenommene Beschluss. Das Konzil „begrüßt die kritische Haltung des Landtages", erklärte sich aber mit den vorliegenden Plänen des Kultusministeriums nicht einverstanden und fordert dazu auf, den gefassten wissenschaftspolitischen Kurs zu überdenken sowie die auf der Protestdemonstration am 13. Dezember 1990 zugesicherten Diskussionen unter Einbeziehung von Mitarbeitern und Studenten auch einzuhalten.

Auf weniger Ablehnung trafen die Regelungen zur personellen Erneuerung, die im Entwurf des Hochschulerneuerungsgesetzes vorgesehen waren. Dabei wurde „eine Prüfung der fachlichen Qualifikationen und persönlichen Eignung aller B-promovierten/habilitierten Wissenschaftler vor Bestätigung einer Überleitung" vorausgesetzt. Dem Gesetzesentwurf folgend sollte die Überprüfung der fachlichen Qualifikation innenuniversitär durch einen Überleitungsausschuss durchgeführt und des Weiteren die persönliche-moralische Eignung von einem Vertrauensausschuss – der späteren Ehrenkommission – geprüft werden. Seine Mitglieder sollten, so der Konzilsbeschluss, durch Urabstimmung von den Mitgliedern der Fakultäten vorgeschlagen und vom Konzil gewählt werden.

Trotz jahrzehntelanger Versuche der DDR, die Universität Rostock in eine Hochschule des Sozialismus zu formieren, zeigten sich ihre Angehörigen in der Lage, in kurzer Zeit den Sozialismus als die selbsterklärte Diktatur des

---

[123] Ergebnisprotokoll der Außerordentlichen Beratung des außerordentlichen Konzils am 14. Dezember 1990. URR Beratungen des außerordentlichen Konzils II. Dort auch die weiteren Zitate und Anhang: Brief der Personalvollversammlung der Universität Rostock; Anhang: Richard Voß, Der Kultusminister des Landes Mecklenburg-Vorpommern Herr Oswald Wutzke teilt mit. Siehe auch: Thammo STOLLE, Gegen Abwicklung für Überleitung. In: RUZ vom 21.12.1990, S. 1.

Proletariats zu überwinden und die Grundlagen korporativer Selbstbestimmung zu legen. Das Außerordentliche Konzil der Universität Rostock hatte in fünf dicht aufeinander folgenden Sitzungen innerhalb eines halben Jahres von Ende Mai bis Anfang Dezember 1990 die Erneuerung der Universität im Sinne von Freiheit und autonomer Selbstverwaltung durchgeführt: Universitätsverfassung mit Regelung der Wahl und Kompetenzen des Rektors, der Prorektoren, des Senats und des Konzils unter angemessener Beteiligung aller Statusgruppen. Es war die erfolgreiche Reform von unten aus eigener Kraft im Rahmen der rechtlichen Möglichkeiten und unter Nutzung noch bestehender Lücken. Das sollte sich bald ändern, zum einen durch neue Gesetze, zum anderen durch finanzielle und haushaltsrechtliche Vorgaben der Landesregierung, welche die Entscheidungsfreiheiten der Universität nicht unerheblich einschränkten, insbesondere die des Außerordentlichen Konzils.

Hochschulrechtliche Rahmenbedingungen und das Ende der inneruniversitären Erneuerung durch Reformierung „von außen"

Nach den Volkskammerwahlen am 18. März 1990 stand der politische Kurs der neugebildeten Regierung der DDR auf schnelle Herstellung der deutschen Einheit durch Anschluss an die Bundesrepublik. Damit veränderten sich die Bestrebungen der Hochschulen der DDR von einer eigenständigen Selbsterneuerung hin zu einer „strukturelle[n] Anpassung" an das Hochschulsystem der Bundesrepublik.[124] Zwar hatte der Wissenschaftsrat der Bundesrepublik eine andere Empfehlung vertreten: „Insgesamt kann es nicht einfach darum gehen, das bundesdeutsche Wissenschaftssystem auf die DDR zu übertragen. Vielmehr bietet der Prozeß der Vereinigung auch der Bundesrepublik Deutschland die Chance, selbstkritisch zu prüfen, inwieweit Teile ihres Bildungs- und Forschungssystems der Neuordnung bedürfen."[125] Aber das war, so Wolfgang Schluchter, „angesichts des durch Kartelle gesicherten Strukturkonservatismus

---

[124] Wolfgang SCHLUCHTER, Neubeginn durch Anpassung? Studien zum Ostdeutschen Übergang (künftig zitiert: SCHLUCHTER, Neubeginn). Frankfurt am Main 1996, S. 61.

[125] Wissenschaftsrat: Perspektiven für Wissenschaft und Forschung auf dem Weg zur deutschen Einheit. Zwölf Empfehlungen vom Juli 1990, in: Wissenschaftsrat (Hrsg.): Empfehlungen und Stellungnahmen. [Maschinenschrift] Köln 1990, S. 6. http://www.wissenschaftsrat.de/download/archiv/9847-90.pdf (16.11.2016). – Siehe hierzu auch Manuel DETHLOFF, Kontinuität und Wandel in der Hochschulpolitik des Landes Mecklenburg-Vorpommern von 1990 bis 2006 (künftig zitiert DETHLOFF, Kontinuität und Wandel). Norderstedt 2006, S. 28.

der westdeutschen Gesellschaft ein nahezu aussichtsloses Unterfangen."[126] So kam es zur Anpassung an die bundesdeutschen Bildungsstrukturen.

Als erste der Regelungen ist die Verordnung über Hochschulen zu nennen, die Vorläufige Hochschulordnung, vom 18. September1990, die als Anlage zum Einigungsvertrag[127] bis zum Inkrafttreten landesrechtlicher Regelungen, spätestens bis zum 30. Juni 1991, Bestand hatte.[128] Diese Verordnung regelte in enger Anlehnung an das Hochschulrahmengesetz der Bundesrepublik die grundlegenden Strukturen und Reformprozesse der Hochschulen. Sie hatte für die neugebildeten Länder, die nun die Zuständigkeit für die Hochschulen erlangten, die Funktion eines übergeordneten Landeshochschulgesetzes. Als Körperschaften des öffentlichen Rechts wurde den Hochschulen das Recht auf Selbstverwaltung zugesprochen. Dabei bedurften die Grundordnungen der Zustimmung durch den jeweiligen Minister, die nur aus Rechtsgründen versagt werden konnte. Gründe hierfür konnten die Gefährdung der Hochschulplanung, der Freizügigkeit des wissenschaftlichen Personals und der Studenten, der Einheitlichkeit und Gleichwertigkeit der Studien- und Lehrbedingungen sowie die Nichtberücksichtigung der ländergemeinsamen Empfehlung sein. Ein Zusammenwirken von Hochschule und Ministerium war zwingend für die Behandlung von drei Themenbereichen vorgesehen: 1. die Ordnung des Studiums und der Hochschulprüfungen, 2. die Einrichtung, Änderung und Aufhebung von Fachbereichen, Studienbereichen, wissenschaftlichen Einrichtungen und gemeinsamen Kommissionen und 3. die Aufstellung des Vorschlags für die Wahl des Rektors. In den Bereich der staatlichen Verwaltung fielen die Haushalts-, Finanz-, und Wirtschaftsverwaltung, die Personalverwaltung, die Zulassung zum Studium, die Studienförderung und die Wahrung der Ordnung der Hochschule, die über die Selbstverwaltungsangelegenheiten hinausgingen.[129]

---

[126] SCHLUCHTER, Neubeginn, S. 141.

[127] Vertrag zwischen der Bundesrepublik Deutschland und der Deutschen Demokratischen Republik über die Herstellung der Einheit Deutschlands – Einigungsvertrag – vom 31. August 1990 (künftig zitiert: Einigungsvertrag), in: Die Verträge zur Einheit Deutschlands. München 1990, S. 49-569.

[128] Verordnung über Hochschulen (Vorläufige Hochschulordnung) vom 18. September 1990 (Künftig zitiert: Verordnung Hochschulen 1990), in: Gesetzblatt der DDR 1990, Teil I, Nr. 63, S. 1585.

[129] § 82–§ 84 der Verordnung Hochschulen.

Die endgültige Festlegung auf das Prinzip der „Anpassung durch Übernahme"[130] stand spätestens mit dem Inkrafttreten des Einigungsvertrages fest. Laut § 38 sollten dabei die „Einpassung von Wissenschaft und Forschung in [den neuen Bundesländern] in die gemeinsame Forschungsstruktur der Bundesrepublik Deutschland gewährleisten." Diesen Prozess sollte der Wissenschaftsrat beratend begleiten. Auf seine Initiative hin wurden in den neuen Ländern Hochschulstrukturkommissionen für länderspezifische Entscheidungen eingerichtet.[131] Die Fristen für die Hochschulerneuerung wurden vom Hochschulrahmengesetz (HRG) vorgegeben.[132] Die Länder hatten drei Jahre bis zum 3. Oktober 1993 Zeit mit dem Hochschulrahmengesetz konforme Gesetze zu erlassen. Die Vorläufige Hochschulordnung blieb vorerst in Kraft. Sie stand nicht im Widerspruch zum HRG. Das war hingegen bei der Verfassung der Universität Rostock der Fall, insbesondere bei der Zusammensetzung des Konzils. Die Kollegialorgane sollten laut HRG „ihre Beratungen und Entscheidungen auf Angelegenheiten von grundsätzlicher Bedeutung beschränken."[133] Im zentralen Kollegialorgan, zuständig für die Beschlussfassung über die Grundordnung und Hochschulleitung, sollten die Professoren die absolute Mehrheit innehaben.[134] Das war ja im Außerordentlichen Konzil nicht so. In den anderen Kollegialorganen war das Verhältnis der Sitze und Stimmen durch Gesetz zu regeln.[135]

Da am 30. Juni 1991 die Gültigkeit der Vorläufigen Hochschulordnung ablief und die Verabschiedung eines HRG-konformen Landesgesetztes erst zum 3. Oktober 1993 fällig wurde, ergab sich für die Zwischenzeit eine rechtliche Regelungslücke. Um diese zu schließen, beschloss das Kultusministerium von Mecklenburg-Vorpommern bereits im Dezember 1990, einen Entwurf für ein Hochschulerneuerungsgesetz (HEG) im Landtag vorzulegen. In der Begründung

---

[130] Friedhelm NEIDHARDT, Evaluierung und Erneuerung – die Umwandlung der DDR Hochschulen im deutschen Einigungsprozess, in: Deutscher Bundestag (Hrsg.) Materialien der Enquete-Kommission: Überwindung der Folgen der SED-Diktatur im Prozeß der deutschen Einheit. Band IV, Teilband 1. Bildung, Wissenschaft, Kultur. Baden-Baden 1992, S. 139-146, hier S. 141.

[131] DETHLOFF, Kontinuität und Wandel, S. 30.

[132] HIS Hochschul-Informations-System (Hrsg.) Hochschulrahmengesetz in der Fassung vom 15. Dezember 1990, S. 1–54; Hochschulbauförderungsgesetz in der Fassung vom 23. September 1990, S. 55–64; Landesrecht für die neuen Bundesländer, S. 67 f.; Verordnung über Hochschulen vom 18. September 1990, S. 69–148; Verordnung über die Errichtung von Studentenwerken vom 18. September 1990, S. 149–157. Hannover, 1991.

[133] § 61, Abs. 2 HRG. Ebenda, S. 43.

[134] § 63 Abs. 1 HRG. Ebenda, S. 44.

[135] § 38 Abs. 1 HRG. Ebenda, S. 26.

wurde als Ziel angegeben, „die Hochschulen so zu entwickeln, daß sie die ihnen in einem freiheitlich demokratischen Rechtsstaat zustehende Autonomie ohne Einschränkung wahrnehmen dürfen."[136] Das HEG wurde am 29. Januar 1991 vom Landtag verabschiedet. Damit war Mecklenburg-Vorpommern das erste neue Bundesland, das ein Hochschulgesetz vorlegte.

Den Großteil des Gesetzes macht der erste Artikel aus, in dem die Grundsätze der personellen Erneuerung festgelegt wurden. Diese sollte in drei Stufen erfolgen. Die erste Stufe, das Ehrenverfahren, wurde in § 2 geregelt. An jeder Hochschule des Landes sollte eine Ehrenkommission gebildet werden, „die das Verhalten der hauptberuflichen Mitglieder der Hochschule, insbesondere gegenüber Kollegen und Studenten vor Inkrafttreten dieses Gesetztes zu beurteilen hat." Die Mitglieder der Ehrenkommission sollten, neben drei vom Landtag benannten, aus „vier Mitgliedern des wissenschaftlichen Personals und je zwei von den Gruppen der Studenten und der sonstigen Mitarbeiter gewählt" werden. Die Beurteilung basierte vor allem darauf, ob ein Verstoß gegen die Grundsätze der Menschlichkeit oder des Rechtsstaates oder eine Tätigkeit für das MfS/AfNS nachgewiesen werden konnte. Bei Verstößen konnte eine außerordentliche Kündigung erfolgen. Nach der schriftlichen Erklärung, ob eine zu beurteilende Person für das MfS tätig war, hatte die Ehrenkommission das Recht, Zeugen anzuhören, Akten einzusehen und andere sachliche Erhebungen vorzunehmen. Betroffene hatten das Recht vor der Kommission angehört zu werden. Falls ein Fehlverhalten festgestellt werden konnte, beschlossen die Mitglieder der Ehrenkommission mit Mehrheit eine negative Empfehlung. Empfohlen wurden: „1. Feststellung einer Mißbilligung, 2. Aberkennung der Fähigkeit, ein Amt in der Selbstverwaltung der Hochschule auszuüben, 3. Kündigung des Arbeitsverhältnisses wegen mangelnder persönlicher Eignung".

Die zweite Stufe der personellen Erneuerung, das Überleitungsverfahren entsprechend § 3 HEG, galt der Prüfung der wissenschaftlichen Qualifikation der Professoren oder nach Promotion B habilitierten wissenschaftlichen Mitarbeiter. Die Überprüfung geschah auf ihren Antrag durch Überleitungskommissionen des Kultusministeriums, wobei jedoch kein Rechtsanspruch auf eine Übernahme in eine Planstelle bestand. Ziel war die Überleitung einer wissenschaftlichen Lehrtätigkeit alten Rechts in eine Professur nach § 44 des HRG: eine sogenannte HRG-Professur. Die Überleitungskommissionen sollten nach Fachrichtungen differenziert eingerichtet werden. Hierfür wurden, neben einem

---

[136] Begründung zum Hochschulerneuerungsgesetz (HEG), S. 1. In: Gesetz- und Verordnungsblatt für Mecklenburg-Vorpommern (künftig zitiert: GVOBl. M-V) 1991 Nr. 5.

von Kultusministerium eingesetzten Vorsitzenden aus einer auswärtigen Hochschule, zwei HRG-Professoren, ein wissenschaftlicher Mitarbeiter und ein Vertreter der Studierenden des jeweiligen Fachbereichs von der Hochschule vorgeschlagen und vom Kultusministerium bestellt.

Die endgültige Vergabe der Stellen des wissenschaftlichen und nichtwissenschaftlichen Personals wurde im Übernahmeverfahren, ebenfalls nach § 3 HEG, geregelt. Grundlage hierfür war der vom Kultusministerium ausgearbeitete Struktur- und Stellenplan nach Bedarf im jeweiligen Fach, sowie die Beurteilung der wissenschaftlichen Qualifikation. Der Strukturplan wurde im Mai 1992 durch das Kultusministerium vorgelegt und durch den Stellenplan im Landeshaushalt im selben Monat ergänzt. Auch hierbei sollten, der Aufteilung der Fächer folgend, wieder Kommissionen gebildet werden. Für jede zu besetzende Stelle sollte eine Vorschlagsliste verfasst werden, auf deren Grundlage das Kultusministerium über die Übernahme entschied. Über die Vergabe von Stellen an wissenschaftliche Mitarbeiter entschied der Rektor zusammen mit den Strukturkommissionen; bei Uneinigkeit wiederum das Kultusministerium. [137]

Die nun überall entscheidende Rolle des Kultusministeriums wird auch im § 14 HEG deutlich, der die Veränderung der Hochschulstruktur in die Hand der Landesregierung legte. Das betraf „Entwicklung von Forschungsschwerpunkten und die Verteilung von Fachaufgaben auf die Hochschulen, die Einrichtung neuer Studiengänge, die Möglichkeit zur Gründung von Fachhochschulen und von künstlerischen Hochschulen." Die Landesregierung konnte ganze Hochschulen oder Teileinrichtungen an eine andere Hochschule angliedern, die Einrichtung einer Fachhochschule und einer Kunsthochschule beschließen. Für die Bildung neuer Fachbereiche und Studiengänge konnte das Kultusministerium Gründungskommissionen berufen.

Selbst auf die Beschaffenheit der zentralen Organe der hochschulinternen Verwaltung konnte das Kultusministerium nach § 8 HEG Einfluss nehmen. So bedurfte die Wahlordnung für die Wahl des Senats der Zustimmung des Ministeriums. Auch die Verabschiedung der Grund- und Prüfungsordnungen ver-

---

[137] Richtlinien für die Übernahme als Professor an den Hochschulen des Landes Mecklenburg-Vorpommern. Erlaß der Kultusministerin vom 7. Mai 1992. – Richtlinien für die Übernahme als wissenschaftlicher oder künstlerischer Assistent, Oberassistent, Oberingenieur, Hochschuldozent, wissenschaftlicher oder künstlerischer Mitarbeiter oder Lehrkraft für besondere Aufgaben an den Hochschulen des Landes Mecklenburg-Vorpommern. Erlaß der Kultusministerin. – Richtlinien für die Übernahme des nichtwissenschaftlichen Personals an den Hochschulen des Landes Mecklenburg-Vorpommern. Erlaß der Kultusministerin. Mitteilungsblatt des Kultusministeriums des Landes Mecklenburg-Vorpommern. Nr. 6 1992.

langte nach § 12 HEG die Zustimmung des Kultusministeriums. Die starke Konzentration von Kompetenzen in der Hand des Kultusministeriums musste die inneruniversitäre Erneuerung hemmen, das war politisch gewollt. Das HEG blieb mit nur minimalen Änderungen[138] bis zur Verabschiedung des Landeshochschulgesetztes am 9. Februar 1994 in Kraft.

Die sechste bis zwölfte Beratung des Außerordentlichen Konzils unter neuen Bedingungen

In der sechsten Beratung des Außerordentlichen Konzils am 7. März 1991 gab Rektor Maeß einen Überblick über den Stand der inhaltlichen Erneuerung von Forschung, Lehre und Verwaltung. Im Bereich der Verwaltung sollten die alten Fachdirektorate abgeschafft und durch Dezernate ersetzt und in Forschung und Lehre die Fakultäten einer Neustrukturierung unterzogen werden, die sich in Fachbereiche und Institute untergliedern sollten.[139]

Die Bildung der Ehrenkommission stand im Zentrum dieser Beratung. Das Konzil beschloss, dass alle Mitglieder der Ehrenkommission durch die Behörde des Bundesbeauftragten für die Unterlagen des Staatssicherheitsdienstes der ehemaligen Deutschen Demokratischen Republik (Gauck-Behörde) überprüft werden sollten. Unter der Wahlleitung von Dr. Klaus-Michael Bull wurden zu den universitären Mitgliedern die Professoren Pätzold, Stolle[140] und Sponholz[141] gewählt, für die Gruppe des wissenschaftlichen Personals Dr. Günter Abendroth, für die Mitarbeiter Herr Stave und Frau Klingbeil sowie für die Studierenden Anne Lange und Klaus Morawitz.[142]

Abschließend wurde auf Antrag von Prof. Kiesow der Senat der Universität, um Verwechslungen mit dem der Hansestadt zu vermeiden, in Akademischer Senat umbenannt. An seiner Zusammensetzung änderte sich nichts.

---

[138] Neufassung des HEG vom 18.03.1992; in: GVOBl. MV 1992 Nr.8.

[139] Ergebnisprotokoll der Beratung des Außerordentlichen Konzils am 7. März1991, S. 3. URR Beratungen des außerordentlichen Konzils II. Dort auch die folgenden Verhandlungspunkte.

[140] Prof. Dr. Hans-Wolfgang Stolle: CPR, URL: http://purl.uni-rostock.de/cpr/00000852 (17.05.2016).

[141] Prof. Dr. Herbert Sponholz: CPR, URL: http://purl.uni-rostock.de/cpr/00002144 (17.05.2016).

[142] In der Matrikel der Universität Rostock ist eine Studentin Anne Lange, immatrikuliert 1987 für Humanmedizin, nachweisbar, ein Student Klaus Morawitz hingegen nicht. Freundliche Mitteilung der Forschungsstelle Universitätsgeschichte vom 10. Januar 2017.

Den Auftakt der siebten Sitzung des Außerordentlichen Konzils am 12. Juni 1991 bildete der Rechenschaftsbericht des Rektors und des Senats.[143] Danach wurden zwei Prorektoren und ein neuer Vorsitzender des Konzils gewählt. Auch stellte die Ehrenkommission ihren ersten Bericht vor. Aufgrund ihrer Emeritierung wurden die Professoren Kiesow und Pätzold in Ehren und mit dem besonderen Dank des Rektors aus dem Konzil verabschiedet. Auf Vorschlag des Senats wählte das Konzil die Professoren Kelling[144] und Hennighausen in das Amt der Prorektoren. Sie sollten „gleichrangige Stellvertreter des Rektors mit entsprechender Aufgabenverteilung" sein, ihre Tätigkeit also nicht als Funktionalprorektoren ausübten. Als neuer Vorsitzender wurde durch das Präsidium der Dozent Dr. Wild[145] vorgeschlagen und mit nur zwei Enthaltungen gewählt. Er sollte dieses Amt auch im ordentlichen Konzil bis zum Jahr 2004 weiterführen.

Die im Kabinettsbeschluss vom 28. Mai 1991 zur Neuordnung des Hochschulwesens beschlossenen Stellenreduzierungen lösten starke Proteste aus. Nach der durch das Kultusministerium beschlossenen Eingliederung der Ingenieurhochschule für Seefahrt Warnemünde/Wustrow (IHS) Warnemünde, der Pädagogischen Hochschule (PH) Güstrow, des Instituts für Lehrerbildung Rostock (IfL) in die Universität Rostock und Schaffung eines Instituts für Musik und Kunst war eine Gesamtzahl von 1.768 Stellen vorgesehen. Bei einem Ist-Stand von ca. 3.600 sollte sich die Anzahl der Stellen an den Einrichtungen also halbieren; an der Universität Rostock auf etwa zwei Drittel reduzieren. Das Konzil beschloss eine Stellungnahme zum Kabinettsbeschluss und beauftragte die Strukturkommission, den Stellenbedarf noch einmal zu prüfen, um weitere Verhandlungen mit dem Kultusministerium auf eine sichere Basis zu stellen, obwohl die Vorschläge der Strukturkommission schon zuvor unter dem Aspekt personeller Sparsamkeit entstanden waren. Es wurden Bedenken geäußert, dass durch radikalen Stellenabbau viel wissenschaftliches Potenzial verloren gehen würde, was für die weitere Zukunft des Landes verheerende Folgen haben könnte.[146]

---

[143] Ergebnisprotokoll von der 7. Beratung des Außerordentlichen Konzils am 12. Juni 1991. URR Beratungen des außerordentlichen Konzils II.

[144] Prof. Dr. Hans Kelling: CPR, URL: http://purl.uni-rostock.de/cpr/00001749 (17.05.2016).

[145] Prof. Dr. Walter Wild: CPR, URL: http://purl.uni-rostock.de/cpr/00000782 (17.05.2016). Siehe auch seinen Beitrag in diesem Band, S. 27–42.

[146] Stellungnahme des Außerordentlichen Konzils der Universität Rostock zum Kabinettsbeschluß vom 28. Mai 1991 über die ‚Erneuerung der Universitäten und Hochschulen des Landes Mecklenburg-Vorpommern.' Anlage 2 des Ergebnisprotokolls von der 7. Beratung des Außerordentlichen Konzils am 12. Juni 1991. URR Beratungen des außerordentlichen Konzils II.

Des Weiteren war die Medizinische Fakultät von einer drohenden Schließung oder strukturellen Verkleinerung bedroht. Die Schließung einer der beiden medizinischen Fakultäten in Greifswald oder in Rostock wurde vom Wissenschaftsrat der Bundesregierung als die vorzuziehende Lösung angesehen. In seiner Erklärung plädierte der Rat der Medizinischen Fakultät für einen Erhalt beider Standorte, die „weder der Dreißigjährige Krieg und beide Weltkriege, noch vierzig Jahre SED-Herrschaft [...] in Frage stellen" konnten und daher auch nicht durch finanzielle Einsparungen im Zusammenhang mit der deutschen Einheit verlorengehen dürften.[147]

Nach der Angliederung der IHS Warnemünde, der PH Güstrow sowie des IfL Rostock und der Wahl von Mitgliedern in den neuen Bereichen der Universität Rostock, hatte das Konzil nun eine Größe von 352 Mitgliedern, als es zu seiner achten Sitzung am 14. November 1991 zusammentrat. Themen der Beratung waren die weitere Entwicklung von Studium und Lehre, Stellenplan, Haushalt und die Infragestellung ingenieurwissenschaftlicher Ausbildung in Rostock. Hintergrund waren die Pläne der Landesregierung zur Herauslösung und Umstrukturierung der technischen Fakultät aus der Universität Rostock in eine Technische Universität Westmecklenburgs. Mit ihren „Thesen zur Frage der universitären Ingenieursausbildung in Mecklenburg Vorpommern" setzten sich die Angehörigen der Technischen Fakultät für einen Erhalt ihrer Einrichtung durch Konzilsbeschluss bei allen Angehörigen des Landtages ein. Die prekäre Lage der Universität wurde in den Materialien über die Probleme in Stellenplan, Haushalt und Investitionen in den Bereichen der Verwaltungsausgaben, in den Baumaßnahmen sowie der Beschaffung von Geräten und Personal hervorgehoben.[148]

Der Staatssekretär des Kultusministeriums, Dr. Thomas de Maizière, der als Gast im Konzil anwesend war, legte den Standpunkt der Landesregierung

---

[147] Erklärung des Rates der Medizinischen Fakultät der Universität Rostock. Anlage 3 des Ergebnisprotokolls der 7. Beratung des Außerordentlichen Konzils am 12. Juni 1991 URR Beratungen des außerordentlichen Konzils II.

[148] Keine Trennung von Technischer Fakultät und Uni Rostock. Erklärung vom 14.11.1991. – Thesen zur Frage der universitären Ingenieursausbildung in Mecklenburg-Vorpommern. – Anlagen zum Bericht des Außerordentlichen Konzils am 14. November 1991 zu aktuellen Problemen von Stellenplan, Haushalt und Investitionen. URR Beratungen des außerordentlichen Konzils II.

dar: „Das Kultusministerium sieht genauso deutlich, wie die Universität die Engpässe, hat aber kein Geld, entscheidende Verbesserungen vorzunehmen."[149] Auch die Frage nach einem allgemeinen Sozialplan beantwortete der Staatssekretär negativ. Zur Beruhigung informierte er über die Pläne zur Gründung einer Fakultät für Ingenieurswissenschaften an der Universität Rostock und einer Fachhochschule in Wismar.

Der negative Eindruck vom Stand der Hochschulerneuerung wurde in der neunten Sitzung des Außerordentlichen Konzils am 13. Februar 1992 durch den Situationsbericht des Rektors nicht gemildert. Mit den bewilligten Haushaltsmitteln war laut der Rektorenkonferenz des Landes vernünftige Arbeit an keiner Hochschule mehr möglich. Der Kanzler stellte den vom Kabinett verabschiedeten Stellen- und Sachhaushaltsplan vor. Die medizinische Fakultät ausgenommen, standen der Universität 1.781 Stellen zur Verfügung, wovon 212 für das Jahr 1992 gesperrt waren.[150] Von den beantragten 34,9 Millionen DM sollten nur 7,8 Millionen zur Verfügung stehen, rund 10 Millionen weniger als für das Haushaltsjahr 1991 gewährt worden waren. Es wurde auch seitens des Kanzlers klargestellt, dass mit diesen Mitteln ein vernünftiger Hochschulbetrieb nicht machbar sei, würden doch so kaum die Bewirtschaftungskosten gedeckt.[151] Selbst die Universitätszeitung musste ihre Arbeit aufgrund fehlender Mittel nach der Ausgabe vom 25. Februar 1992 einstellen. Alle Versuche die RUZ durch Werbeanzeigen und Verkauf weiterhin zu veröffentlichen, waren in der nächsten Zeit nicht von Erfolg gekrönt. Erst im November sollte sie durch Hinzugewinne von Werbeanzeigen ihre Arbeit zwar wieder regelmäßig, jedoch nur noch mit einer Ausgabe für zwei Monate, aufnehmen.[152]

Diese Entwicklungen führten zu einem lebhaften Protest innerhalb des Konzils gegen die drastische Haushaltskürzung. Es wurde der Antrag gestellt

---

[149] Walter Wild: Letzte Tagung des Außerordentlichen Konzils. Erfolgreiche Bilanz nach dreijähriger Arbeit, S. 5. Anhang zum Ergebnisprotokoll der 12. Beratung des Außerordentlichen Konzils am 19. November 1992. URR Beratungen des außerordentlichen Konzils III.

[150] Es waren: 258 C3 und C4 Professuren (50), 405 Dozenten und WM (46), 210 Verwaltungspersonal (22), 778 Angestellte (77) und 133 Arbeiter (17). Die Zahlen in Klammern geben die Anzahl der für 1992 gesperrten Stellen an.

[151] Ergebnisprotokoll der 9. Beratung des Außerordentlichen am 13. Februar 1992, S. 9. URR Beratungen des außerordentlichen Konzils III.

[152] Karl-Heinz KUTZ, Zeitzeugengespräch mit Dr. Karl-Heinz Kutz am 23. April 2010, in: Kersten KRÜGER (Hrsg.), Universitätsgeschichte und Zeitzeugen. Die Verwaltung der Universität Rostock und Nachträge. Teilband 1. (Rostocker Studien zur Universitätsgeschichte, Bd. 15,1) (künftig zitiert KRÜGER, Verwaltung) Rostock 2011, S. 100 -129, hier S. 103.

„die Vorgaben der Landesregierung zum Stellenplan nicht zu akzeptieren, sondern weiter auf dem von der Universität berechneten Stellenbedarf zu bestehen um eine qualitätsgerechte Lehre zu garantieren."[153] Das Konzil beschloss eine Unterbrechung seiner Sitzung und eine baldige Weiterführung mit Regierungsvertretern, da die Kompetenz des Konzils nicht ausreichte, alle Fragen der Haushaltspolitik und des Stellenplans konkret zu erörtern.

Das Rektorat erarbeitete eine Stellungnahme zur Realisierung des Stellenplans. Darin wurden zwar personelle Reduzierungen als notwendig anerkannt, aber die sofortige Stellenreduzierung als verheerend abgelehnt. Eine Angleichung an den bundesdeutschen Standard sei so nicht zu erreichen.[154]

An der Fortsetzung der neunten Sitzung des Außerordentlichen Konzils am 23. April 1992 nahm die neue Kultusministerin, Steffi Schnoor, teil. Ergänzend zu den in der ersten Hälfte der Sitzung ausgesprochenen Problemen stellte der Rektor das straffer organisierte Studium und das bessere Betreuungsverhältnis von Hochschullehrern und Studenten als erhaltenswerte Vorteile der Universitäten in den neuen Bundesländern heraus. In Bezug auf das Personal führte er aus, die Universität habe noch 900 abzubauende Stellen, von denen 500 durch Vorruhestandsregelungen zeitnah frei werden könnten. Für die 400 verbleibenden Stellen müssten soziale Maßnahmen geschaffen werden. Die Kultusministerin zeigte sachlich auf, dass der Stellenplan nicht mehr zu ändern sei, bot aber als Kompromiss an, einen Teil künftig wegfallender Stellen mit Bundesmitteln zu finanzieren, so dass die Universität finanziellen Raum für Übergangslösungen erhielte. Diese waren nötig, um Studierenden auslaufender Studiengänge den Abschluss zu ermöglichen.

Im weiteren Verlauf kamen die Probleme der Agrarwissenschaftlichen Fakultät zur Sprache, deren Existenz bedroht war. Das Konzil setzte sich für Fortbestand ein. In Abstimmung mit dem Wissenschaftsrat war nach der Wiedergründung der Fakultät im Oktober 1990 die klassische agrarwissenschaftliche Ausbildung aufgegeben und durch die neuen Studiengänge „Landeskultur und Umweltschutz" und „Agrarökologie" ersetzt worden, bestätigt durch Senatsbeschluss vom 19. Juni 1991 und nachfolgend vom Kultusministerium, der Landesregierung sowie vom Landtag. Dennoch hatte das Kultusministerium die Nichtweiterführung des agrarökologischen Studiengangs verfügt, begründet mit dem nötigen Abbau von Stellen. Die Kultusministerin räumte hier zwar Fehler

---

[153] Ergebnisprotokoll der 9. Beratung des Außerordentlichen Konzils am 13. Februar 1992, S. 7. URR Beratungen des außerordentlichen Konzils III.

[154] Ergänzungen und Erläuterungen zur Konzilsvorlage „Realisierung des Stellenplans". Anlage zum Ergebnisprotokoll der Fortsetzung der 9. Beratung des Außerordentlichen Konzils am 23. April 1992. URR Beratungen des außerordentlichen Konzils III.

bei der Strukturplanung der Agrarwissenschaftlichen Fakultät ein, könne aber keine alternative Regelung mehr veranlassen.[155]

Die Neuwahl von Rektor und Konzil, die nach der Verfassung im Mai anstand, wurde per Konzilsbeschluss auf der Basis des §13 des HEG verschoben, da die personelle Zusammensetzung durch noch laufende Überleitungsverfahren in der Schwebe stand.[156]

Durch die geringe Teilnehmerzahl bei der zehnten und elften Beratung des Außerordentlichen Konzils am 16. Juli und 19. November 1992 mit 172 und 182 Anwesenden war die Beschlussfähigkeit des höchsten Kollegialorgans der Universität nicht mehr gegeben, stattdessen waren nur noch tendenzielle Abstimmungen möglich. Am 16. Juli 1992 gab der Rektor seinen zweiten Rechenschaftsbericht für das akademische Jahr 1991/1992. Laut Bericht des Prorektors Kelling war die Lehre für das kommende Wintersemester durch die restriktive Personalpolitik nur schwer abzusichern. Das kommende Jahr werde das schwerste für die Aufrechterhaltung der Studiengänge werden. Dies traf vor allem für die Agrarwissenschaftliche und die Philosophische Fakultät zu, die besonders durch Abwicklungen einzelner Fächer und die knappe Stellenzahl betroffen waren. Finanziell und organisatorisch sollte, wie in der Kompromissregelung mit dem Kultusministerium vorgeschlagen, die Lehre im Übergang von Vertretungen und Lehrbeauftragten gesichert werden. Dies galt vor allem für die auslaufenden Studiengänge, wie die Lateinamerika-Wissenschaften und die alten Studiengänge in Wismar und Warnemünde. Die Sicherung der Lehre war zusätzlich durch Mangel an Hörsälen gefährdet.

Abschließend wurde in dieser Beratung der Antrag auf Unterstützung emeritierter Professoren entgegengenommen. Da kein formeller Beschluss gefasst werden konnte, bat der Rektor in einem Brief an die Kultusministerin um deren Einsatz im Landtag für eine soziale Absicherung von Dozenten im Ruhestand und wissenschaftlichen Mitarbeitern, die Professorenaufgaben wahrgenommen hatten.

Zu seiner zwölften und letzten Sitzung trat das Außerordentliche Konzil am 23. Juni 1993 zusammen. Auf der Tagesordnung standen der Rechenschaftsbericht des Rektors[157] und die Beendigung der Arbeit des Konzils. In Erwartung

---

[155] Ergebnisprotokoll von der Forstsetzung der 9. Beratung des Außerordentlichen Konzils am 23. April 1992, S. 3 f. URR Beratungen des außerordentlichen Konzils III.

[156] Ebenda, S. 2.

[157] Bericht des Rektors und des Akademischen Senats für das Akademische Jahr 1992/93. Anhang zum Ergebnisprotokoll der 12. Beratung des Außerordentlichen Konzils am 19. November 1992. URR Beratungen des außerordentlichen Konzils III.

der Verabschiedung des Landeshochschulgesetztes zum Ende des Jahres 1993, das den Grundsätzen des Hochschulrahmengesetzes konform gestaltet werden musste, beschloss das Konzil die Beendigung seiner Arbeit, da durch die vergleichsweise ausgeglichenen Anteile der Statusgruppen im Konzil die absolute Mehrheit der Professoren nicht gegeben war, wie im Hochschulrahmengesetz gefordert. Die Wahl eines neuen, wesentlich kleineren Konzils, das den bundesdeutschen gesetzlichen Vorschriften entsprechen sollte, war vorgesehen.

So markiert diese Sitzung das Ende der Zeit des Übergangs von einer „sozialistischen", zentral gelenkten Universität der DDR, zu einem gleichberechtigten Mitglied der Gemeinschaft der bundesdeutschen Universitäten. Bei Weitem konnten nicht alle Vorstellungen und Wünsche der Konzilsmitglieder verwirklicht werden. Aus Sicht des Rektors bestand nur wenig Anlass sich zurückzulehnen und den „Augenblick zum Verweilen aufzufordern."[158] Allerdings bestehe auch kein Anlass zu Resignation, wenn sich die Zukunft, ebenso wie in der Vergangenheit, ausreichend Universitätsangehörige fänden, die ihre privaten Interessen zurückstellten und bereit seien sich mit ganzer Kraft für ihre Universität einzusetzen. Der Rektor verschwieg in seinem Rechenschaftsbericht nicht den Konflikt mit der Landesregierung über die Hochschulerneuerung. Anlässe habe es dafür genug gegeben, denn fast jede der Rostocker Fakultäten sei in den vergangenen Jahren irgendwann einmal in Frage gestellt worden. Es sei ganz wesentlich den Anstrengungen des Konzils, des Akademischen Senats, der Universitätsleitung und vieler Universitätsmitglieder zu verdanken, dass ausreichend viele Abgeordnete des Landtags von der Notwendigkeit der universitären Ausbildung und Forschung überzeugt werden konnten. Mit dem Blick auf das gesamte Land gerichtet, stellte der Präsident des Konzils die Rolle des Außerordentlichen Konzils beim Erstreiten von 3,79 Prozent am Landeshaushalt für den Erhalt von fünf Hochschulen und drei großen Instituten heraus. Schon allein damit habe sich das Außerordentliche Konzil bewährt.[159]

Das neue Konzil wurde durch das Landeshochschulgesetz 1994 in seiner personellen Ausstattung und Kompetenzen dem Hochschulrahmengesetz angepasst. Der Schlüssel für die nun nur noch 99 Konzilsmitglieder betrug 6:2:2:1, wobei Studierende auf ein Jahr, die Vertreter der anderen Statusgruppen auf zwei Jahre gewählt werden. Professoren hatten fortan in allen Angelegenheiten die

---

[158] In Anlehnung an: Johann Wolfgang GOETHE, Faust. Der Tragödie zweiter Teil. Akt 5, Vers 11582 f.

[159] Walter Wild, Letzte Tagung des Außerordentlichen Konzils. Erfolgreiche Bilanz nach 3-jähriger Arbeit, S. 7. Anhang zum Ergebnisprotokoll der 12. Beratung des Außerordentlichen Konzils. URR Beratungen des außerordentlichen Konzils III.

absolute Mehrheit.[160] Das Konzil hatte nunmehr nur noch die Aufgabe, Beschlüsse über Erlass oder Veränderung an der Grundordnung der Universität als Satzung auf Vorschlag des Senats zu fassen, Rektor und Prorektoren zu wählen und den jährlichen Rechenschaftsbericht des Rektorats entgegenzunehmen und zu diesem Stellung zu nehmen.[161]

Dem Akademischen Senat wurde hingegen die Entscheidungskompetenz bei der Behandlung von Grundsatzfragen der Angelegenheiten in Forschung und Entwicklung, sowie Studium und Lehre an der Hochschule und ihren zentralen Einrichtungen belassen. Zudem entscheidet der Akademische Senat über die Weiterentwicklung von Studienangeboten, über Forschung und Förderung des wissenschaftlichen Nachwuchses; er gibt seine Stellungnahme zur Verteilung der nach dem Haushaltsplan zur Verfügung stehenden Mittel ab. Ihm gehören neben dem Rektor als Vorsitzenden, 22 Vertreter der Statusgruppen an, wobei eine angemessene Vertretung der Fachbereiche gewährleistet sein soll.[162]

Ehrenkommission, neuer Stellenplan

Auf zwei wesentliche Aspekte der Hochschulerneuerung ist abschließend in quantitativer Betrachtung einzugehen. Das ist zum einen die Arbeit der Ehrenkommission als Teil der Erneuerung „von unten" durch die Universität, zum andern ist es die mit umfangreichen Kürzungen verbundene Personalausstattung der Universität, die „von oben", von der Landesregierung mit dem Haushalt gesetzt wurde.

Die universitären Mitglieder der Ehrenkommission[163] hatte das Außerordentliche Konzil am 7. März 1991 gewählt.[164] Vom Landtag wurden der Jurist Dr. H. Schwarz, Prof. Dr. Lothar Pelz von der Universität Rostock und der Justitiar der Universität Bremen, Erik Vormanek, als Mitglieder entsandt. Am 10. und 11. Juni 1991 kamen die Mitglieder der Ehrenkommission zur ihrer ersten

---

[160] Gesetz über die Hochschulen des Landes Mecklenburg-Vorpommern (Landeshochschulgesetz – LHG) vom 09. Februar 1994, in: Gesetz- und Verordnungsblatt für Mecklenburg-Vorpommern (GVOBl. M-V) 1994 Nr.6 (künftig zitiert LHG 1994), § 84 Abs. 2: Sechs Professoren auf zwei wissenschaftliche oder künstlerische Mitarbeiter auf zwei Studenten auf einen der weiteren Mitarbeiter.

[161] § 84 Abs. 1 LHG 1994.

[162] § 83 Abs. 1 und 2 LHG 1994.

[163] MAESS, Ehrenkommissionen. LEHMANN, Umbruch, S. 93-100.

[164] Siehe oben S. 110.

Sitzung zusammen. Den Vorsitz führten gemeinsam Rektor Maeß und – als Vertreter des Kultusministeriums – der Jurist Herr Baaden. Sie berieten hier über grundsätzliche Fragen ihrer Arbeit, die über die Regelungen des HEG und der darin vorgeschlagenen Verfahrensordnung hinausgingen. Die vom Kultusministerium vorgeschlagene Musterverfahrensordnung[165] sowie der für die Beurteilung der Betroffenen vorgesehene Fragebogen wurden überarbeitet und mit dem Ministerium bezüglich Konformität mit der Rechtsgrundlage abgestimmt. In der zweiten, der konstituierenden Sitzung am 25. Juni 1991 beschloss die Ehrenkommission ihre eigene Verfahrensordnung.[166]

In der siebten Beratung des Außerordentlichen Konzils am 12. Juni 1991 gab die Ehrenkommission ihren ersten vorläufigen Bericht über den Stand der Arbeit ab. Nach den ersten personellen Abgängen von der Universität waren immer noch 3.245 Anträge zu bearbeiten.[167] Der große Aufwand machte zu Beginn des Jahres 1992 die Nachwahl von Mitgliedern in die Ehrenkommission nötig, ebenso die Gründung von Unterkommissionen.[168]

Nach der Verfahrensordnung hatte die Ehrenkommission eine Empfehlung abzugeben, wenn bei Betroffenen kein Fehlverhalten festgestellt werden konnte. Auch in Fällen geringeren Fehlverhaltens konnte die Kommission empfehlen, keine Maßnahme zu ergreifen. Empfehlungen aufgrund von Fehlverhalten galten ausdrücklich nicht als Kündigungen. Das Kultusministerium war ebenso wenig wie die Personalverwaltung der Universität an die Empfehlungen gebunden, hielten sich aber meistens daran. Durch dieses Verfahren sollten die Betroffenen die gleichen Rechte erhalten, wie sie auch Beteiligten bei Gerichtsverfahren zustehen. Diese beinhalten insbesondere das Recht, gehört zu werden,

---

[165] Musterverfahrensordnung für die Ehrenkommissionen der Hochschulen des Landes Mecklenburg-Vorpommern gemäß Art 1 § 2 Hochschulerneuerungsgesetz (HEG) vom 19. Februar 1991. In: Mitteilungsblatt des Kultusministeriums des Landes Mecklenburg-Vorpommern Nr.5 1995.

[166] Verfahrensordnung der Ehrenkommission der Universität Rostock (künftig zitiert: VerfO). UAR, 01.12.1, 05: Ehrenkommission. Siehe auch: Erik VORMANEK: Bericht der Ehrenkommission der Universität Rostock über ihre Arbeit, in: MAESS, Ehrenkommissionen, S. 19–39, hier S. 24. Die Akten der Ehrenkommission liegen im Universitätsarchiv Rostock. Sie sie sind aus Gründen des Personen- und Datenschutzes gesperrt.

[167] Situationsbericht über die Tätigkeit der Ehrenkommission. Anlage 5 des Ergebnisprotokolls von der 7. Beratung des Außerordentlichen Konzils am 12. Juni 1991. URR Beratungen des außerordentlichen Konzils II.

[168] Ergebnisprotokoll der 9. Beratung des Außerordentlichen Konzils am 13. Februar 1992, S. 9. URR Beratungen des außerordentlichen Konzils III.

Akten einzusehen, das Recht auf einen Rechtsbeistand und auf Befangenheitsanträge gegen Kommissionsmitglieder. Trotz zahlreicher Probleme war es den Mitgliedern der Ehrenkommission gelungen, bis zu ihrer Auflösung am 30. Juni 1995 die gewaltige Anzahl von 6.248 Ehrenverfahren durchzuführen (Tabelle 1). Insgesamt konnte die Ehrenkommission bei 92,5 Prozent der Anträge empfehlen, keine Maßnahme zu ergreifen. In nur 7,5 Prozent der Fälle wurde eine Maßnahme empfohlen, wobei die schwersten Maßnahmen, die Änderungskündigung oder die Kündigung des Arbeitsverhältnisses, in nur 2,4 Prozent der Empfehlungen ausgesprochen wurden. Dies sollte nach Verfahrensordnung der Fall sein, wenn der Betroffene: „gegen die Grundsätze der Menschlichkeit verstoßen hat", „durch sein Verhalten die Exmatrikulation oder Kündigung eines Universitätsmitglieds aus politischen Gründen bewirkt [...] hat", „einen anderen beim Ministerium für Staatssicherheit denunziert hat", „als hauptamtlicher Mitarbeiter für das MfS tätig war", „inoffizieller Mitarbeiter des MfS war" oder „hauptamtliches Mitglied einer Bezirks-, Kreis- oder Universitätsparteileitung der SED war".[169] Die Zahlen sprechen für sich; sie belegen, dass sich die Ehrenkommission mit negativen Empfehlungen sehr zurückhielt.

Tabelle 1: Ehrenkommission der Universität Rostock
Durchgeführte Verfahren (Stand: 30.06.1995.)[170]

Ergebnis des Verfahrens	Zahl	Prozent
Kein Fehlverhalten	5.547	88,8%
Geringes Fehlverhalten, keine Maßnahmen	221	3,5%
Feststellen einer Missbilligung	140	2,2%
Zeitweise Aberkennung der Fähigkeit, ein Amt in der Selbstverwaltung der Universität auszuüben	135	2,2%
Dauernde Aberkennung der Fähigkeit, ein Amt in der Selbstverwaltung der Universität auszuüben	56	0,9%
Änderung des Arbeitsverhältnisses, insbesondere Senkung der Vergütung	57	0,9%
Ordentliche Kündigung	62	1,0%
Außerordentliche Kündigung	30	0,5%
Insgesamt	6.248	100,0%

---

[169] § 4 VerfO. Siehe auch Wolfgang PETERS, Zeitzeugengespräch mit Dr. Wolfgang Peters am 16. April 2010, in: KRÜGER, Verwaltung, S. 11-79, hier S. 35.
[170] Ehrenkommission der Universität Rostock: Durchgeführte Verfahren. Anhang zum Bericht der Ehrenkommission der Universität Rostock über ihre Arbeit. In: MAESS, Ehrenkommissionen, S. 40.

Damit war die personelle Erneuerung der Universität Rostock im Sinne des politischen Verhaltens offiziell erreicht. Treffend resümierte die Kultusministerin, inzwischen Regine Marquardt:

> *Wie nie zuvor in der Geschichte haben wir die Verpflichtung zu einem wirklichen Neuanfang, der vor allen anderen Dingen ein geistiger und damit auch personeller Neuanfang zu sein hat, ernst genommen und uns dieser schweren Aufgabe nach bestem Wissen und Gewissen gestellt.*[171]

Die Worte der Ministerin kennzeichneten einen „geistigen", das heißte einen Neuanfang im politischen Bewusstsein. Materiell jedoch war der personelle Neuanfang zunächst mit einer radikalen Schrumpfung verbunden (Tabelle 2). Die Universität Rostock musste von 1990 bis 1992 von ihren knapp 7.600 Beschäftigten (mit Medizin) 1.231 entlassen, zu einem Teil bedingt durch Auflösung – Abwicklung, wie man es nannte – ganzer Wissenschaftsbereiche, zum größten Teil aber durch Einsparungszwänge, die durch die Regierung, also „von oben" gesetzt wurden. Allein im Jahr 1992 waren 700 Kündigungen auszusprechen. Die vorliegenden Zahlen machen diesen dramatischen Wandel besonders für die Beschäftigten der Universität ohne Medizin, aber einschließlich der Verwaltung deutlich. Ihre Anzahl verringerte sich um rund 37 Prozent von 3.122 im Jahr 1991 auf 1.957 zwei Jahre später. Danach kamen weitere Kürzungen hinzu, die hier nur erwähnt werden können.

Tabelle 2: Beschäftigte der Universität Rostock 1990-1993[172]

	1990	1991	1992	1993
Universität	7.600		6.369	
Medizin			3.695	
Universität ohne Medizin		3.122	2.674	1.957

---

[171] Regine MARQUARDT, Das Ziel der personellen Erneuerung an den Hochschulen ist erreicht, in: MAESS, Ehrenkommissionen, S. 13.

[172] Sybille BACHMANN, Personalentscheidungen und Personalentwicklung (künftig zitiert: BACHMANN, Personalentscheidungen), in: Die Politische Wende, S. 36-48. – Andreas TESCHE, Zeitzeugengespräch mit Andreas Tesche am 21. Mai 2010. In: KRÜGER, Verwaltung, S. 589-616. – Die Tabelle lässt sich mit weiteren Zahlen nicht vervollständigen, freundliche Mitteilung von Andreas Tesche vom 24. Mai 2016, für die auch an dieser Stelle gedankt sei.

Aufgelöst wurden die Sektionen Marxismus-Leninismus und Lateinamerika-Wissenschaften. Teile aus ersterer gingen als Institut für Soziologie und Sozialgeschichte (später beschränkt auf Soziologie) sowie Politik- und Verwaltungswissenschaften an die Wirtschafts- und Sozialwissenschaftliche Fakultät. Aus den Lateinamerika-Wissenschaften wurde das Institut für Romanistik an der Philosophischen Fakultät gebildet. Ihre Wiedereröffnung erlebte die 1950 geschlossene Juristische Fakultät. Die Eingliederung der Pädagogischen Hochschule Güstrow und des Instituts für Lehrerbildung Rostock erweiterte die Ausbildung zu den Lehrämtern an der Universität und führte zur Gründung der Institute für Pädagogik und Psychologie, mit denen die Philosophische Fakultät Verstärkung bekam. Das im Zuge der Dritten Hochschulreform aufgelöste Institut für Altertumswissenschaften wurde wieder eingerichtet und kam ebenfalls an die Philosophische Fakultät. Strukturwandel erfuhren die Ingenieurwissenschaften durch Übernahme einiger Ausbildungsgänge der Ingenieurhochschule für Seefahrt Warnemünde/Wustrow. Daraus entstand die Technische Fakultät, während andere Fächer der IHS von der neu gegründeten Hochschule Wismar übernommen wurden. Den Agrarwissenschaften gelang der Fortbestand ihrer Fakultät durch fachliche Schwerpunktsetzung auf Landeskultur und Umweltschutz.

Die mit der wissenschaftlichen Neustrukturierung der Universität Rostock verbundene Personalausstattung musste im Rahmen des bewilligten Stellenplans geschehen. Es ging um erhebliche Reduzierungen durch betriebsbedingte Kündigungen, nicht etwa um Zuweisung neuer Stellen. Nur wenige der betroffenen Beschäftigten konnten übernommen werden. Bis zum 3. Oktober 1992 waren es insgesamt 1.564, davon 164 Professores, 450 wissenschaftliche und 950 nichtwissenschaftliche Mitarbeiterinnen und Mitarbeiter. Von den Hochschullehrern – Professoren, Hochschuldozenten und habilitierten Mitarbeitern – gelang weniger als einem Drittel die Übernahme,[173] und zwar nicht gleichmäßig über die Fächer verteilt, sondern eher in den mathematisch-naturwissenschaftlichen als in den gesellschafts- und geisteswissenschaftlichen Fächern, von den aufgelösten Wissensgebieten ganz zu schweigen. Aus dem bewilligten Stellenplan waren auch Neuberufungen zu realisieren, die sich für die inhaltliche Erneuerung der Fächer als unerlässlich zeigten, denn wissenschaftliche Innovationen waren nach der Dritten Hochschulreform nur beschränkt erreichbar, so dass bei ausgeschriebene Stellen Bewerber aus den alten Bundesländern Vorteile hatten und nutzten.

Durch die grundlegende, auch organisatorische Reform der Universität Rostock waren an die Stelle der Sektionen nun acht – später erweitert auf neun

---

[173] BACHMANN, Personalentscheidungen, S. 42.

– Fakultäten (Tabelle 3) getreten, die weitgehende Befugnisse der Selbstverwaltung erhielten und bis heute erfolgreich ausüben.

Tabelle 3: Fakultäten und Betriebseinheiten 1990, 2016

Fakultäten 1990	Fakultäten 2016
Agrarwissenschaftliche Fakultät	Agrar- und Umweltwissenschaftliche Fakultät
	Fakultät für Informatik und Elektrotechnik
Juristische Fakultät	Juristische Fakultät
Technische Fakultät	Fakultät für Maschinenbau und Schiffstechnik
Mathematisch-Naturwissenschaftliche. Fakultät	Mathematisch-Naturwissenschaftliche Fakultät
Medizinische Fakultät	Universitätsmedizin
Philosophische Fakultät	Philosophische Fakultät
Theologische Fakultät	Theologische Fakultät
Wirtschaft- und Sozialwissenschaftliche Fakultät	Wirtschafts- und Sozialwissenschaftliche Fakultät

Betriebseinheiten 1990: Universitätsbibliothek, Rechenzentrum
Zentrale Einrichtungen 2016: Universitätsbibliothek, IT- und Medienzentrum, Interdisziplinäre Fakultät

Fazit

Mit dem Landeshochschulgesetz von 1994 kam die Hochschulerneuerung zu einem vorläufigen Ende. Auch die Ehrenkommissionen an den Universitäten waren bis zum 30. Juni 1995 aufzulösen.[174] Die Dramatik der ersten Jahre war vorbei, aber nicht vergessen. Der Prozess der Reform war weder spannungs- noch konfliktfrei verlaufen. Dennoch muss die Universität Rostock den Vergleich mit anderen Universitäten der DDR nicht scheuen, wenn es um die Trägerschaft und Durchführung der innneruniversitären Erneuerung geht. Der von Gerhard Maeß als „Machterhaltung durch Reform von oben" beschriebene Prozess und die damit verbundene Bereitschaft der Universitätsleitung zu Reformen in begrenzten Rahmen waren typische Symptome der beginnenden gesellschaftlich-politischen Krise in der ersten Phase der Reformen.[175]

---

[174] LHG 1994, § 130 Abs. 1 und 2.
[175] MAYNTZ, Aufbruch, S. 283-310.

Die Universität Rostock im Umbruch 1989-1994

Als herausragendes Merkmal der Universität Rostock ist der schnelle Wechsel von einer durch die alte Hochschulleitung getragenen, zu einer durch breite Schichten der Universitätsangehörigen – von den Studierendem bis hin zu den Professoren – getragenen, anfangs autonomen inneruniversitären Reform zu nennen. Dabei ist hervorzuheben, dass sich die Diskussion schnell vom Standpunkt, möglichst viele alte Strukturen zu bewahren, hin zu einer grundlegenden Erneuerung unter Beibehaltung sinnvoller und geprüfter alter Strukturen wandelte. Träger dieser Reformen war das Außerordentliche Konzil. Hervorzuheben ist ebenfalls das große Engagement der Studierenden.

Trotz aller Brüche und Unvollkommenheiten wurde der Übergang der Universität Rostock in die Bundesrepublik, auch von Rektor Gerhard Maeß überwiegend positiv beurteilt, der wohl besser als jeder andere ein realistisches Fazit über knapp fünf Jahre Universitätsreform in Rostock zu ziehen vermochte.

„Nach einem mit viel Enthusiasmus und vielleicht auch einigen Illusionen begonnenen Weg über Höhen und durch Tiefen ist die Universität Rostock in der Bundesrepublik Deutschland angekommen, wo sie sich wiederfindet als eine unter vielen."[176]

---

[176] MAESS, Universität Rostock, S. 160 f.

Rostocker Studien zur Universitätsgeschichte

Band 1
Die Universität Rostock zwischen Sozialismus und Hochschulerneuerung.
Zeitzeugen berichten. Teil 1.
Herausgegeben von Kersten Krüger.
Rostock 2007.

Band 2
Die Universität Rostock zwischen Sozialismus und Hochschulerneuerung.
Zeitzeugen berichten. Teil 2.
Herausgegeben von Kersten Krüger.
Rostock 2008.

Band 3
Die Universität Rostock zwischen Sozialismus und Hochschulerneuerung.
Zeitzeugen berichten. Teil 3.
Herausgegeben von Kersten Krüger.
Rostock 2009.

Band 4
Martin Buchsteiner und Antje Strahl
Zwischen Monarchie und Moderne. Die 500-Jahrfeier der Universität Rostock 1919.
Rostock 2008.

Band 5
Kurt Ziegler
Zum 50-jährigen Bestehen der Tropenmedizin an der Universität Rostock.
Rostock 2008.

Band 6
Jobst D. Herzig und Catharina Trost
Die Universität Rostock 1945-1946. Entnazifizierung und Wiedereröffnung.
Herausgegeben von Kersten Krüger.
Rostock 2008.

Band 7
Anita Krätzner
Mauerbau und Wehrpflicht. Die politischen Diskussionen am Rostocker Germanistischen Institut in den Jahren 1961 und 1962.
Herausgegeben von Kersten Krüger.
Rostock 2009.

Band 8
Tochter oder Schwester – die Universität Greifswald aus Rostocker Sicht
Referate der interdisziplinären Ringvorlesung des Arbeitskreises „Rostocker Universitäts- und Wissenschaftsgeschichte" im Wintersemester 2006/07.
Herausgegeben von Hans-Uwe Lammel und Gisela Boeck.
Rostock 2010.

Band 9
Frauenstudium in Rostock: Berichte von und über Akademikerinnen.
Herausgegeben von Kersten Krüger.
Rostock 2010.

Band 10
Maik Landsmann
Die Universitätsparteileitung der Universität Rostock von 1946 bis zur Vorbereitung der Volkswahlen der DDR 1954.
Herausgegeben von Kersten Krüger.
Rostock 2010.

Band 11
Juliane Deinert
Die Studierenden der Universität Rostock im Dritten Reich.
Herausgegeben von Kersten Krüger.
Rostock 2010.

Band 12
Wissen im Wandel – Disziplinengeschichte im 19. Jahrhundert. Referate der interdisziplinären Ringvorlesung des Arbeitskreises „Rostocker Universitäts- und Wissenschaftsgeschichte" im Wintersemester 2007/08.
Herausgegeben von Gisela Boeck und Hans-Uwe Lammel.
Rostock 2011.

Band 13
Angela Hartwig
Das Universitätsarchiv Rostock von 1870 bis 1990.
Herausgegeben von Kersten Krüger.
Rostock 2010.

Band 14
Angela Hartwig, Bettina Kleinschmidt
Bestandsübersicht des Universitätsarchivs Rostock.
Herausgegeben von Kersten Krüger.
Rostock 2010.

Band 15
Universitätsgeschichte und Zeitzeugen. Die Verwaltung der Universität Rostock und Nachträge.
Herausgegeben von Kersten Krüger.
Rostock 2011.

Band 16
Frauen in der Wissenschaft. Referate der interdisziplinären Ringvorlesung des Arbeitskreises „Rostocker Universitäts- und Wissenschaftsgeschichte" im Wintersemester 2008/09
Herausgegeben von Gisela Boeck und Hans-Uwe Lammel.
Rostock 2011.

Band 17
Gert Haendler
Erlebte Kirchengeschichte. Erinnerungen an Kirchen und Universitäten zwischen Sachsen und den Ostseeländern.
Herausgegeben von Hermann Michael Niemann und Heinrich Holze.
Rostock 2011

Band 18
Wie schreibt man Rostocker Universitätsgeschichte?
Referate und Materialien der Tagung am 30. Januar 2010 in Rostock.
Herausgegeben von Hans-Uwe Lammel und Gisela Boeck.
Rostock 2011.

Band 19
Benjamin Venske
Das Rechenzentrum der Universität Rostock 1964-2010.
Rostock 2012.

Band 20
Rostocker gelehrte Köpfe, Referate der interdisziplinären Ringvorlesung des Arbeitskreises „Rostocker Universitäts- und Wissenschaftsgeschichte" im Wintersemester 2009/2010.
Herausgegeben von Hans-Uwe Lammel und Gisela Boeck.
Rostock 2012.

Band 21
Die Universität Rostock in den Jahren 1933-1945.
Referate der interdisziplinären Ringvorlesung des Arbeitskreises „Rostocker Universitäts- und Wissenschaftsgeschichte" im Sommersemester 2011.
Herausgegeben von Gisela Boeck und Hans-Uwe Lammel.
Rostock 2012.

Band 22
Die Universitätsbibliothek Rostock. Aufbruch und Umbruch seit 1972.
Direktoren berichten.
Herausgegeben von Kersten Krüger.
Rostock 2013.

Band 23
Susi-Hilde Michael
Recht und Verfassung der Universität Rostock.
Im Spiegel wesentlicher Rechtsquellen 1419−1563.
Teil 1: Darstellung
Rostock 2013.

Band 24
Susi-Hilde Michael
Recht und Verfassung der Universität Rostock.
Im Spiegel wesentlicher Rechtsquellen 1419−1563.
Teil 2: Quellen.
Rostock 2013.

Band 25
Henning Rohrmann
Forschung, Lehre, Menschenformung.
Studien zur „Pädagogisierung" der Universität Rostock in der Ulbricht-Ära.
Rostock 2013.

Band 26
Daniel Lehmann
Zwischen Umbruch und Erneuerung.
Die Universität Rostock von 1989 bis 1994.
Rostock 2013.

Band 27
Von Rechtsquellen und Studentenverbindungen, Lateinamerikanistikpionieren und politisch Unangepassten.
Facetten Rostocker Universitätsgeschichtsschreibung (1).
Herausgegeben von Gisela Boeck und Hans-Uwe Lammel.
Rostock 2014.

Band 28
Jüdische kulturelle und religiöse Einflüsse auf die Stadt Rostock und ihre Universität.
Herausgegeben von Hans-Uwe Lammel und Gisela Boeck.
Rostock 2014.

Band 29
Denkmale – Statuten – Zeitzeugen.
Facetten Rostocker Universitätsgeschichtsschreibung (2).
Herausgegeben von Gisela Boeck und Hans-Uwe Lammel.
Rostock 2015.

Band 30
Das Hauptgebäude der Universität Rostock 1870-2016.
Herausgegeben von Kersten Krüger und Ernst Münch.
Rostock 2016.

Band 31
25 Jahre Konzil der Universität Rostock 1990-2015.
Hochschulerneuerung im akademischen Parlament.
Herausgegeben von Kersten Krüger.
Rostock 2016.

Bezugsmöglichkeiten bis Band 22: Universität Rostock, Universitätsarchiv, Universitätsplatz 1, 18051 Rostock, Telefon: +49-381 498 8621; Fax: +49-381 498 8622, ab Band 22 im Buchhandel und Buch Shop BoD http://www.bod.de/bod-shop.html.